透析盈利模式

魏朱商业模式理论延伸

|典藏版|

林桂平 魏炜 朱武祥 ／著

机械工业出版社
CHINA MACHINE PRESS

图书在版编目（CIP）数据

透析盈利模式：魏朱商业模式理论延伸：典藏版 / 林桂平，魏炜，朱武祥著 . —北京：机械工业出版社，2024.1

ISBN 978-7-111-74692-8

I. ①透… Ⅱ. ①林…②魏…③朱… Ⅲ. ①盈利 - 商业模式 - 研究 Ⅳ. ① F715.5

中国国家版本馆 CIP 数据核字（2024）第 002920 号

机械工业出版社（北京市百万庄大街 22 号　邮政编码 100037）
策划编辑：孟宪勐　　责任编辑：孟宪勐　岳晓月
责任校对：樊钟英　　责任印制：李　昂
河北宝昌佳彩印刷有限公司印刷
2024 年 5 月第 1 版第 1 次印刷
170mm×230mm·15 印张·3 插页·190 千字
标准书号：ISBN 978-7-111-74692-8
定价：99.00 元

电话服务　　　　　　　网络服务
客服电话：010-88361066　机 工 官 网：www.cmpbook.com
　　　　　010-88379833　机 工 官 博：weibo.com/cmp1952
　　　　　010-68326294　金 书 网：www.golden-book.com
封底无防伪标均为盗版　机工教育服务网：www.cmpedu.com

再回首，商业模式探索之旅

2004 年一个偶然的机会，我们发现"商业模式"是一个可以令所有企业家兴奋的话题，从此开始了商业模式探索之旅。一开始，我们发现关于商业模式的概念和理论非常混乱，万般无奈之下采取了一个折中的处理办法：一方面，把当时能找到的 30 余个商业模式概念打印出来，放在办公桌旁，有事没事常念念；另一方面，直接寻找那些有趣的商业模式案例，然后把它们讲给周围的企业家听，以至于现在，几乎每天都有几个甚至十几个企业家要求见面交流。

持续且巨大的需求（过去 30 年，中国企业家对某个管理理论的持续关注时间，从来没有超过 3 年！）激励和逼迫我们不断思考：什么模式是好的商业模式，如何设计出一个好的商业模式？功夫不负有心人。两年多后的某一天，我们两人的脑中几乎同时跳出了一个非常有共鸣的"商业模式的定义"：利益相关者的交易结构！很快，"六要素商业模式"模型便诞生了。

非常幸运的是，2006 年年底我们又遇到了《创富志》的主编张信东。在他更高要求的"鞭策"下，我们连续七年一期都没落下地写出了诸多商业模式案例，总结并提炼出了各种商业模式理论所需要的构件。

理论建设是痛苦的。我们要学会"无中生有"，建立自己最擅长的阵地。这既需要一整套逻辑一致的概念，又需要能对各种已知和未知的商业模式进行分类，还需要有分析、解释这些概念和分类之间"因果关系"的能力。尤其当我们发现，数百年前植物学家和动物学家就能把地球上数十万种物种妥妥地分类的时候，偶尔心中也会不由得觉得自己很渺小。但大部分时候，我们能想到的还是愚公移山的故事：只要不停地写，老天总会派人来帮你们这帮人的！

在写作过程中，我们发现商业模式是不分行业的。在一个行业可以成功的商业模式，放在另外一个行业照样可以创造辉煌。我们还发现，同一个行业也可以有很不一样的商业模式，甚至对战略管理中的一个定律进行猜想：一个行业最后仅会剩下三五家垄断型的大企业，本质上这几家企业的商业模式是否肯定是不一样的？

我们发现一家企业的商业模式是不断变化的，有渐变的，也有突变的。我们把渐变的叫作演化，把突变的叫作重构，并写了一本与《发现商业模式》同样畅销的《重构商业模式》。

我们还发现"技术"真的很需要"商业模式"的帮助。同样一项技术，可以在非常不一样的商业模式下运用，相应的企业绩效也许都很不错，但一定有一个能令企业价值最大化的商业模式。反过来，一个好的商业模式也可以引领技术的发展方向，就像美国的很多创新技术都是由商业模式引领的一样。

我们发现商业模式和企业战略是两个不同的概念：同一个商业模式可以用很不一样的战略来驾驭，同一个战略也可以用很不一样的商业模式来实现。我们发现任何组织都是有商业模式的：营利性公司有商业模式，慈善和公益等非营利组织有商业模式，政府组织也有商业模式，甚至个人都有商业模式。我们的《慈善的商业模式》一书，可能是世界上第一本讲公益组织商业模式的图书。

我们还发现同一个行业内，企业的商业模式可以不一样，它们之间同样存在竞争。不是"同物种"间的竞争，而是"不同物种"间的竞争，或由"不同物种"间的竞争演变为"同物种"间的竞争。

在写作过程中，我们还发现商业模式是一个全息结构，商业模式模型的每个要素——定位、业务系统、盈利模式、关键资源能力、企业价值都包含整体的完整信息。这也成了《商业模式的经济解释》一书的主题。当"商业生态"这个词开始流行的时候，我们又发现在商业生态系统（以焦点企业为中心的持续交易的利益相关者形成的聚合体）和商业模式之间还有一个非常重要的对象：共生体，即持续交易的利益相关者和其扮演的角色的集合。一个个相同或不同的共生体（生态系统）的实例组成了行业生态，不同的行业生态又组成了纷繁复杂的商业生态。

转了一大圈，我们发现原来商业模式可以像物理学、几何学和工程学一样来研究。例如，从事某个业务活动的主体是角色，角色类似于原子，共生体类似于分子，角色相同、角色的交易关系不同的共生体与分子中的同分异构体竟然是相同的！商业模式的三大定律、三大原理、六大定理也写在了2014年首次出版的《商业模式的经济解释Ⅱ》一书中！

在与众多专家、学者和企业交流商业模式的过程中，我们还发现很多差异化的商业模式都来源于盈利模式，也就是收支来源和收支方式的不同。以往我们对定价的认知仅仅是"由供需决定价格高低"这一个维度，现在我们突然发现从商业模式视角看价格，实际上还有另外三个维度：反映收支来源的定向、反映收支方式的定性、反映现金流结构的定时。这三个维度的确定取决于交易价值、交易成本和交易风险决定的价值增值，而并非取决于供需。当我们发现了收支来源和收支方式的完整理论后，中文版《透析盈利模式》就这样出版了。

众所周知，商业模式概念是从战略管理理论中分化出来的，战略、商业模式、共生体三者之间是什么关系?《超越战略:商业模式视角下的竞争优势构建》就试图回答这个问题。我们发现战略是站在企业边界做的决定企业竞争优势的选择,商业模式是站在商业生态系统边界做的决定企业竞争优势的选择,而共生体是站在行业生态系统群的视角做的决定企业竞争优势的选择!一旦看到了这样的图景,能全面、深度、透彻刻画和分析行业竞争格局的三度空间、能区分决策范围的焦点思维和格局思维等概念就产生了。基于此概念的企业(顶层)设计理论随之也能顺理成章地完善起来。

展望未来,一座宏大的商业模式建筑群已经冉冉升起……就在那里!

19 年过去了,蓦然回首,身后的商业模式生态建设工地上早已灯火通明,四处立满了脚手架,主体也已建起了大半。令人欣喜的是,队伍中不但一个人也没落下,而且还增加了很多。向前看,更让人激动不已的是,已经有好几路队伍前来帮忙了!哈,曾经的海市蜃楼就要变成现实了,感恩!

魏炜

2023 年 11 月 1 日

把魏朱商业模式理论变成创始人的工具

如何设计盈利模式，是设计商业模式的大问题。尤其是在移动互联网时代，很多事你没想清楚就去做了，做完也没想清楚，等想清楚也就没戏了。其实没想清楚的事儿，往往就是盈利模式该怎么设计。如何设计出更好的盈利模式，正是本书的重点。所以，本书可以说是移动互联网时代的必读书。

对魏朱团队来讲，本书的重要意义在于开始将理论工具化。这有着非常实际的价值。设计商业模式的主体是企业家，但企业家没有必要成为理论家，掌握设计商业模式的工具并加以运用就行了。本书提供了如何设计盈利模式的工具。以本书为开端，魏朱团队会围绕商业模式的各个要素——每个要素都是设计商业模式的一个入口，创造出更多好用的工具。

人类因为创造并使用工具而伟大。创造工具也是商业模式研究所必须经历的途径，现在则是水到渠成。从2006年年底开始，《创富志》及魏朱团队一起专心于商业模式研究。一开始是利用商业模式的六要素来写案例，在丰富的商业生态中搜寻各类物种，将它们一一画出。以这样的方式，我们积累了上千个商业生态物种的案例。通过观察这些标本，企业创始人可以获得许多设计灵感，下一步要做的就是分析这些物种的基因，并发明出设计组合这些基因的工具。

本书的可贵之处，是它来源于实践。2012年，在魏朱两人的推动下，《创富志》做了一个实验，开办了一个由创始人参与的俱乐部，以探寻如何规模化地帮助企业来设计商业模式，其中一个主要任务就是将魏朱的商业模式理论变成企业创始人方便运用的工具。我们帮助一百多家企业的创始人设计商业模式并落地，本书作者之一林桂平博士深入参与其中，面对一个个具体案子，和创始人一起寻找解题方法。这一实践过程带来了巨大收获，这些在本书中都有所展现。

商业模式的设计就是这样一个实践的过程。在和魏炜、朱武祥一起探索的时候，每发现一个新物种、一个新的解题方法，大家都特别兴奋。从发现商业物种，到研究其基因，再到进行基因重组的实验，最后总结出企业创始人可以方便运用的工具来创造新物种，每一步都经过实践反复印证。任何一个成功的模式，事后从逻辑上看都是完美的，甚至用各种不同的逻辑都可以把它解释得很完美，所以仅有逻辑是不够的，只有知行合一，才有实际价值。

设计商业模式，就是设计你和各个利益相关者的交易结构。就盈利模式来说，传统企业通常是成本由自己来出，收入来自直接客户，也就是产品提供给谁就向谁收钱。但成本和收入都可以拓展，可以配置给不同的利益相关者。比如，收入可以来自直接客户；也可以对直接客户免费，由第三方出钱；也可以同时向直接客户和第三方收钱。成本可以企业自己出，也可以由第三方出，也可和第三方一起出，或者是可变成本为零。把这些选项组合起来，就有12种盈利模式。而收支方式也有多种选择，你是选拿固定、拿剩余还是分成，是收进场费、过路费、停车费、油费还是分享费，是选择顾客定价还是拍卖，都有其规律可循，也都有先决条件。

可以说，每个盈利模式之所以存在，都是建立在一些先决条件的基础上的。因此要设计出一个更好的盈利模式，可以拓展其存在的先决条件。一是拓展收支来源，二是拓展收支方式，最后把它们组合起来，或者形成组合计价，从而创造出新的盈利模式，在实践中应用。

今天，我们生活在一个非常好的时代，每个人都有机会和巨人站在同一起跑线上，通过商业模式创新，甚至能站在巨人的肩膀上，开创你的全新事业。

张信东

《创富志》杂志出版人

打开企业边界后如何去盈利

　　林桂平、魏炜和朱武祥写的这本书一如魏朱商业模式团队的其他著作，在平静叙事中，设立出你所在的各种交易情境，带给你惊雷般的颠覆性启示。

　　此书是魏朱商业模式研究团队运用其理论范式在盈利模式设计的一个应用。其颠覆性仍然在其有关商业模式的理论范式上。"魏朱商业模式理论"是要让企业打开边界，呈现、分析并设计"基于利益相关者的交易结构"，将公司逐步嵌入社会。这种打开企业边界的交易结构视角和思维，在当今信息时代更有其独特的理论意义和实践价值。

　　工业时代的企业独立于社会，企业与社会有着严格的边界，因此企业盈利的核心是定价。企业边界越清楚，成本核算精确度就越高，价格因而成为相互交易和内部盈利的核心。

　　当今信息时代，企业系统已经逐步从与社会独立的体系变为嵌入社会的一个有机体。企业成为人、财、物信息交换大网络中的一个有机节点，已经无法再利用原有的简单盈利模式设计（只关注价格上的"定量"）来获取收益。

　　企业如何从传统工业时代下的"社会绝缘体"转变为信息时代下融入社会网络的有机体，这就需要企业家引入利益相关者视角、交易结构视角打开企业边界，意识到企业与其利益相关者是"你中有我，我中有你"、跨界共生的关系，意识到企业边界已变得不那么重要，因而，尽管"成本—收入"语境未变，但已绝不是简单的计算，而是本书绪论中鲜明提出的"四定"，即定向、定性、定量和定时，这是为有机体打造的"行气"图。打开企业边界，引入新的利益相关者，就可以画出从PM0$^{\ominus}$，即传统盈利模式转变到 PM2、PM5、PM11 等创新盈利模式或其组合的设计路径。

传统盈利模式的讨论很多，定价理论是经济和商业理论的核心。《利润模式》(*Profit Patterns*)、《发现利润区》(*Profit Zone*)等都是非常好的论著。

《利润模式》已经触及了世界的改变，以"掌握模式"开篇，但由于限于传统的企业边界和分工体系，因此在传统的制造、价值链、客户、渠道、产品、知识、组织等方面进行分析，没有能打开企业的边界，因而其盈利模式研究依然只能在企业边界清晰的运营体系中运转，是盈利模式技术性改善，而不是变革。

《发现利润区》则从战略性企业设计出发，以客户为中心设计出利润和利润保护等策略，但始终逃脱不了"生产者—客户"这两个相对独立体的传统分析范式。

传统企业都奢谈以客户为中心的定价，但面对互联网时代突然出现的免费模式，所有基于既定企业边界设计出来的利润模式全部崩溃了。其根本原因在于，从工业时代到信息时代，企业形态发生了根本性的变化，以工业时代中的企业思维造就的战略、盈利模式在新的信息时代都已经或将要走到尽头。因此，企业家必须理解现代企业的本质，理解"魏朱商业模式理论"的核心思维，这样，你才能真正地理解和跟进这

$\ominus$　PM 即 profit model，盈利模式。

一新的盈利模式思维，看懂这本书。

理解现代企业的钥匙仍在"魏朱商业模式理论"的根本上，即研究利益相关者的交易。客户、供应商、合作伙伴、政府甚至竞争对手等，都是企业的利益相关者。每个利益相关者由于其资源能力不同、与企业交易的活动不同、利益诉求不同，有可能呈现多个侧面的角色，这都可能成为设计盈利模式的分析新原点。

传统工业时代下，你给客户提供了商品或服务，收取酬劳，这是一个孤立的交易。可是如果从利益相关者的角度去看，就存在打开边界、重新设计的可能性。比如，激发大量的客户与你互动，使你获得产品设计的灵感。盈利模式可以设计成让客户能从设计意见中获得一定的利益回报。同时，为你产品设计添砖加瓦的客户会因他的创新思想体现在产品中而自豪地为你推广。如此一来，一个简单的交易客户可能已经成为三个角色，即客户、设计者、推销员。客户的角色已经转变，他已经嵌入到你的企业中。你的企业系统也可能变成一个新平台，嵌入在你的利益相关者的网络中。

企业边界打开后，要素间相互嵌入，盘根错节，繁荣共生，盈利模式必然向着各类分成、拍卖、顾客定价等模式转变。本书第1章就展现了"收支来源之利益相关者"，第2章分析如何通过资源能力引导设计盈利模式，而后认真地分析了各类合作分成定价、顾客定价、拍卖定价、组合计价等多种盈利模式，让利益相关者持续互动，将盈利、激励、体验相融自洽。

世界进入了一个结构调整和商业模式重大转变的关键时期，在传统工业化大规模制造模式中，中国的企业只是在学习、模仿，尚没有形成自己的商业理论。进入信息社会，特别是全球经济大转型的时期，企业实际上面对着同样的转型机遇和挑战。在欣慰地看到很多中国企业积极实践商业模式创新并卓有成效的同时，让我们更欣喜的是，在此过程中，中国已经生长出了自己的商业理论——"魏朱商业模式理论"。这是一套具备归一理论内核、丰富实践方法论并还在不断进化的完整理论体系。这一方面归功于魏朱商业模式研究团队多年专注的持续耕耘，另一方面也得益于中国整体结构化哲学观的传统。

我期待，更多的企业家、学者能通过本书的阅读听到时代变革的"惊雷"。

张平　教授

中国社会科学院经济研究所副所长

《经济研究》副主编

目录 · CONTENTS

盈利模式：收支来源与收支方式

—

2009～2012年，我们团队先后推出了四本与商业模式有关的著作——《发现商业模式》《重构商业模式》《慈善的商业模式》《商业模式的经济解释》。这些书都是从整体上对"魏朱商业模式六要素"做系统的阐述和分析。随着这四本书的热销，我们觉得有必要对商业模式整体理论框架中核心要素的原理、特色商业模式类型做单独的介绍，本书是一个开始。

盈利模式是"魏朱商业模式六要素"的核心要素之一，关注利益相关者交易结构中交易定价的内容，其分析、创新与设计往往会为焦点企业实现巨大的企业价值，并为参与的各种利益相关者带来可观的交易价值。

盈利模式创新、设计的背后，有一定的规律可循。如果能够把握其背后的机理，则盈利模式创新、设计可收事半功倍之效；反之，则会徒劳无果。

盈利模式本身有确定的定义范畴，但很多企业家和学者对盈利模式的内涵和外延并不清晰，容易把盈利模式与商业模式、定价混为一谈。

名正则言顺，辨析盈利模式与商业模式、定价的区别，清晰划定盈利模式的定义范畴，我们才能真正地理解什么是盈利模式，也才能更好地从原理出发，理解盈利模式，设计盈利模式。

盈利模式并不等同于商业模式

盈利模式指的是企业的收支来源与收支方式。换言之，盈利模式需要回答的是以下几个问题：收入从哪里来？成本向哪里支出？怎么收入？怎么支出？

因此，盈利模式与商业模式并不等同。商业模式是利益相关者的交易结构，涉及交易对象、交易内容、交易方式与交易定价等内容，而盈利模式主要关注的是交易定价的问题。商业模式的内涵无疑更加丰富。

换言之，同样的盈利模式，其背后的交易结构（商业模式）可以千差万别。

公案：同样的盈利模式，不同的数字音乐商业模式

数字音乐近年来发展迅猛，根据《国际唱片业协会（IFPI）2011 数字音乐报告》的数据表明，2004 ~ 2010 年，全球数字音乐市场增值 1 000%，同期全球唱片音乐产业减值 31%。数字音乐取代唱片音乐，成为未来音乐主要形式的趋势已经不可逆转。《国际唱片业协会（IFPI）2013 数字音乐报告》的数据显示，2012 年，全球数字音乐收入已经达到 56 亿美元。

截至 2011 年，授权数字音乐服务商的乐曲数量达到 1 300 万首，获得授权的数字音乐服务商数量超过 400 家。毫无疑问，世界音乐产业的格局正在经历巨大的变化，受惠于技术的进步、终端的普及等因素，数字音乐市场获得了前所未有的发展，不断有新的商业模式被尝试。其中，巨鲸音乐网和豆瓣音乐具备代表性。

如果按照盈利模式归类，它们属于同一类。在收支来源上，都属于第

三方顾客提供收入，且由企业和第三方伙伴支付成本，也就是图 0-1 所示盈利模式图中的PM5。在收支方式上，均采取分成。

成本支付	直接顾客	直接顾客&第三方顾客	第三方顾客
零可变成本	PM9	PM10	PM11
第三方伙伴	PM6	PM7	PM8
企业&第三方伙伴	PM3	PM4	(PM5)
企业	PM0	PM1	PM2

收入来源

图 0-1

以巨鲸音乐网为例，其收入以广告为单纯的盈利模式，明确具体。与谷歌、唱片公司和合作伙伴进行广告分成。巨鲸与谷歌的搜索服务一经推出就吸引了 5 家广告主签约该音乐服务，其中包括诺基亚、苹果和大众汽车，相应的广告资金总额为人民币 250 万元。其成本则主要为前期建立音乐数据库的投入，主要由企业自身和投资伙伴共同承担。后期主要为网站维护、技术开发费用。

但是，这两家公司的商业模式却有很大区别。

巨鲸音乐网类似于音乐沃尔玛，为音乐爱好者提供免费、正版、高质量的音乐试听、下载及音乐资讯、MV、音乐游戏、音乐分享等一站式音乐服务，拥有庞大的客户群体。

交易结构上，唱片公司给巨鲸授予正版音乐版权，用户可在巨鲸网站上免费下载音乐；同时，谷歌公司向巨鲸投资，用户在谷歌搜索上搜索音乐，链接到巨鲸网站，进行音乐下载及试听。唱片公司、巨鲸、谷歌通过广告收入分成。

　　巨鲸音乐网的商业模式与其关键资源能力非常匹配。

　　首先，巨鲸拥有大量的正版音乐储备。截至 2011 年年底，巨鲸已拥有 310 万首正版歌曲，已同全球四大唱片公司、140 多家独立唱片公司、国际四大词曲出版商和中国音乐著作权协会达成合作建立了合作关系。

　　其次，巨鲸和谷歌的合作一直很稳定。谷歌带来的用户流量一度占到巨鲸用户的 70%。合作以来，巨鲸的用户流量持续增加，且与谷歌搜索流量密切相关。

　　相比而言，豆瓣面向的群体则更为小众（也有人称为"小资"），根据客户独特的音乐偏好提供音乐服务，侧重于高端客户的音乐品位交流。其面向群体为受众较小的独立音乐人和较高音乐素养的小众听众。强调由用户产生内容，并致力于建构独立音乐人与小众听众的双边平台（见图 0-2）。

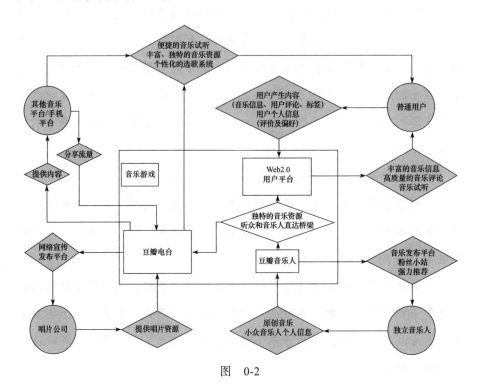

图　0-2

豆瓣的商业模式逻辑是：用户和音乐人创造内容，聚合、打造出资源不可模仿的双边平台，从而吸引更多的用户参与创造，积累更丰富的资源，形成个性化、偏好体验的规模效应。从而使得用户获得更优质的服务，音乐人也因此受益，平台完成良性的正循环发展。

因此，对用户数据的集聚、挖掘和关联就成了豆瓣商业模式的关键资源能力。经过多年的积累，豆瓣已经形成了海量高质量的用户数据、大量合作紧密的独立音乐人、极高的信誉和用户黏性，也具备了挖掘用户偏好的能力和联系音乐人、音乐及用户的能力。其商业模式已经成型。

当然，类似的商业模式，其盈利模式也可以有不同的设计。索尼后来居上，打败了游戏机市场的巨无霸任天堂，依赖的正是盈利模式的革新。

公案：盈利模式变革，索尼推陈出新，一战定江山

游戏机市场是一个激动人心的战场，从一开始任天堂的一家独大，到索尼的逆袭，再到微软加入后的"三国演义"，精彩纷呈，任天堂更是经历了从巅峰到谷底，最后再王者归来的好莱坞式戏码。

这里主要讲述第一阶段和第二阶段的转换，即索尼是如何通过盈利模式设计完成逆袭的（见图0-3）。

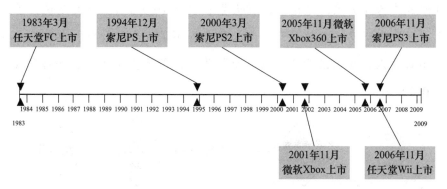

图 0-3

游戏机市场主要面向两类利益相关者：第三方游戏开发商和游戏机玩家。第三方游戏开发商为游戏机开发游戏，游戏机和游戏作为整体一起销售给玩家，其商业模式主体在整个争雄过程中并没有根本性的变化。

20世纪80年代，任天堂是游戏机市场一家独大的霸主。随着红白机的面世，加上配合发售《马里奥兄弟》《大金刚》等多款游戏，任天堂的电子游戏机风靡全球，截至1989年，占领了美国90%的市场、日本95%的市场，垄断了整个产业。

任天堂游戏机上面运行的游戏分为两种，一种是任天堂自己开发的游戏，另一种是任天堂授权"第三方游戏软件商"制作的游戏。任天堂通过"权利金"，从这些第三方的游戏软件中获得一定比例或金额的收益，并对第三方游戏开发商设置很多非常苛刻的条件。例如，第三方的游戏必须通过任天堂的"质量封条"认证，即使通过认证每年也只能出品5版游戏，同时任天堂还要求首批订货量必须达到2万套。这样做的目的无非是保护自己开发的游戏。

不仅如此，在利益分配上，任天堂也很霸道，不仅收取游戏售价的20%作为"权利金"，同时还收取14美元的"游戏卡带制作费"（卡带的制作成本为4美元，光这项，任天堂就净赚10美元）。也就是说，承担更多风险和研发成本的第三方却只能拿到不足一半的收益。游戏机本身的销售收入，加上游戏的"权利金"收入，任天堂赚了个盆满钵溢（见图0-4）。

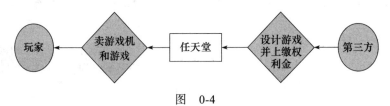

图 0-4

任天堂 FC（"红白机"）从 1983 年上市以来，称霸游戏界长达十余年，到 1996 年 1 月官方宣布终止 FC 时，其全球销量已经超过了 6 000 万台（官方统计的正版机数量），各国的仿制机型更是不计其数。

游戏机是一个相对封闭的行业，一个软件往往只能在一款游戏机上面运行，换了另外一款就毫无用处，因此在一定意义上，软件商只能是游戏机的附庸。加上任天堂固有的市场垄断地位，第三方游戏软件商明知权利金模式不公平、与任天堂合作只能被剥削也只好忍气吞声。

这时候，索尼进入市场了。在进入游戏机市场之前，索尼就已经在显示技术、音响、数码技术等方面积累了雄厚的技术力量。因此，索尼首先从游戏的输出效果上打败了任天堂，发挥其在视听技术上多年累积下来的优势，以"3D 动画技术"和"CD 技术"为突破，生产输出效果强大的游戏机。在软件支持上，索尼深知自己的游戏研发实力不能和任天堂相比，为了扬长避短，喊出"所有游戏在这里集结"的口号，完全引进第三方的游戏制作，并得到了后者的大力支持，在索尼 PS 机（Play Station）的整个生命周期里，索尼获得了 1 400 多款游戏的支持，是同期任天堂游戏机"N64"的 5 倍。截至 2004 年年底，索尼占据了家用游戏机市场份额的 68%，而同期的任天堂只有 15%。

和任天堂"游戏机销售收入＋权利金收入"的盈利模式不同，索尼把"权利金"模式发扬光大：游戏机亏本出售，靠"权利金"赚钱。根据顾问公司 Yankee 的估计，索尼每卖出一台 PS2，就会亏损大约 37 美元。但是，除掉成本，"第三方游戏软件商"每销售一份 PS2 的游戏，就要向索尼支付 7～8 美元。按照 8 美元计算，平均每个 PS2 玩家只要买 5 部游戏，索尼就可以赚钱，买得越多，索尼也就赚得越多。当然，这在很大程度上取决于索尼能够得到第三方多大的支持。

为了吸引原来为任天堂做嫁衣裳的"第三方游戏软件商"，一反任天堂一向的强势作风，索尼对第三方开出了优厚得多的条件：不限制每年游戏开发数量（任天堂：限制每年 5 个），放松了游戏的审核（任天堂："质量封条"认证）。"权利金"（含"代理制造费"）只需要 900 日元，约合 10 美元（任天堂：游戏售价的 20%+14 美元的卡带制作费）。此外，索尼规定，游戏的首批订货量只需达到 5 000 个（任天堂：2 万个），极大地降低了门槛。同时，索尼还采用成本更低但容量更大的"CD 光盘"，鼓励"第三方"推出大制作的电子游戏（见图 0-5）。

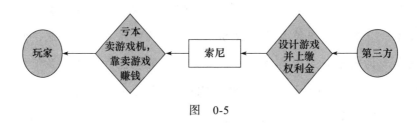

图　0-5

　　同期任天堂定位失误，推出的 N64 虽然性能强于索尼，但还是采用传统的卡带存储，容量低，成本高，制作时间长，令第三方不愿意为它制作游戏。此消彼长，索尼很快成为行业老大。

　　按照这种盈利模式经营的索尼 PS 和 PS2 创造了比任天堂 FC 更辉煌的业绩。PS 从 1994 年上市至 2006 年 3 月下市，累计销售 2 000 万台。而 PS2 则更加辉煌，从 2000 年上市至 2011 年 1 月 31 日，11 年累计销售量达到 1.5 亿台，在很长一段时间内是销售量历史排名第一的家用游戏机，直到 2012 年年底才被任天堂的 NDS 超过。NDS 和 PS2 曾是历史上仅有的两款销售量超过 1.5 亿台的游戏机。

　　对比任天堂和索尼，它们的盈利模式主要都建立在"权利金"的收取上，而"权利金"的蛋糕有多大，很大程度上取决于"第三方游戏软件商"的盘子有多大，因此它们争夺的焦点就在于对第三方的争夺上。第三方可以说是这场战争的关键资源点。然而，只要看一下如图 0-5 所示的索尼商业模式业务系统图就可以发现，游戏机是个双边平台，第三方和玩家处于游戏机平台的双边。他们相互之间是彼此吸引的关系，玩家越多，第三方就越多；反之，第三方越多，玩家也越多。因此，第三方游戏开发商对游戏机平台的评价，在很大程度上取决于玩家规模的大小。索尼在增强游戏机功能和体验的同时还亏本销售游戏机，对玩家无疑形成了巨大的吸引力，找到了撬动杠杆的支点，是其盈利模式最终取得成功的关键点。

商业模式讨论整个交易结构，包括交易对象、交易内容、交易方式、交易定价等，而盈利模式主要与交易定价有关（以及与此相关的交易方式）。盈利模式是商业模式的一个重要组成部分，却难以取代整个商业模式的范畴。

透过盈利模式，看到其背后的商业模式支撑，能够很清晰地获得完整的企业价值画面；而从商业模式整体框架出发，在盈利模式上做恰当的设计，也有可能取得"四两拨千斤"的效果。以索尼的极浅资历，只是稍微修改盈利模式，就令任天堂十几年的积累如同虚设，盈利模式的威力可见一斑！值得后来创新者借鉴！

盈利模式不只是定价

把盈利模式等同于定价高低是另外一个误区。误区的背后，映射出商业创新思维的匮乏。这也是为什么同行业中企业之间价格战层出不穷的原因所在。

盈利模式内涵之丰富，远远超过定价。综合而言，盈利模式包括"四定"：

定向。价值的流向如何表现，具体地，收入从哪些利益相关者获取，成本支付给哪些利益相关者，有哪些成本由其他利益相关者承担等。

定性。收支是按照时间计价、按照使用量计价，还是按照价值计价，如 EMC，能源管理合同等。

定量。同样是按照时间定价，是每天 100 元，还是包月 500 元，就是同一个定性里面的不同定量。

定时。同样一笔收入，是提前支付，还是分期付款，或者是分段支付等，支付的时间不同，企业的现金流结构将有差异，会直接影响企业价值。

传统中的定价，主要指的是"定量"，即确定收支来源、确定收支方式下的价格高低。

公案：中国移动与中国联通的盈利模式对比

以竞争程度而言，3G 时代前后的中国移动、中国联通、中国电信竞争，超过中国通信业历史上任何一个阶段。从盈利模式上，这三家公司也体现了在定向、定性、定量、定时上的丰富组合，可谓是组合计价（后文中有详述）的典范。我们不妨比较 3G 推出前，中国移动和中国联通的"四定"盈利模式。

和其他行业往往只针对一类客户不同，中国移动和中国联通试图通过不同组合的计价方式，使不同种类的客户各得其所，都可以成为目标客户。为此，它们需要设计不同的定向、定性、定量、定时组合，让不同客户逆向选择，各就各位。

在组合中，中国移动和中国联通均对本地通话价格、国内长途价格、国际长途价格、短信价格、可漫游范围、月租费、买卡/缴费方便程度绑定的娱乐业务、绑定的商务功能、目标对象的收入程度等做了不同的规定。中国移动以这些组合设计了三类目标客户：商务人士的全球通，低消费人群的神州行，年轻人群的动感地带。

"全球通"突出了国际漫游、网络优越、服务到位、业务齐全并有丰厚的积分回报诸多特点，在其麾下聚集了相对稳定、忠诚度较高的社会精英群体。

"神州行"免入网费、免入网手续、免月租费的"三免"政策达到了让客户省钱、省事、省心的"三省"效果。根据客户需要，"神州行"还可以提供多个亲情号码的通话优惠，在中低端市场上迅速打开了局面。

"动感地带"的推出标志着中国移动的品牌战略向纵深拓展，它糅合了时尚的增值业务，以更为超值的功能组合直指15～25岁的年轻一代。一句"我的地盘听我的"赋予了中国移动时尚个性的亲和形象，受到目标客户的热忱欢迎。以客户的年龄来设计品牌，有意识地规划和培育明天的市场。

从图0-6中的价值曲线来看，中国移动通过"四定"设计盈利模式，对客户形成了很好的区隔，是比较成功的组合计价。

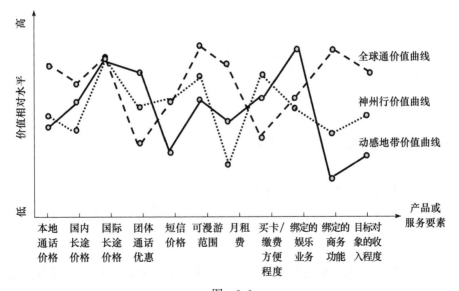

图 0-6

中国联通同样通过"四定"设计盈利模式，企图区隔开四种客户。其盈利模式"四定"价值曲线如图0-7所示。

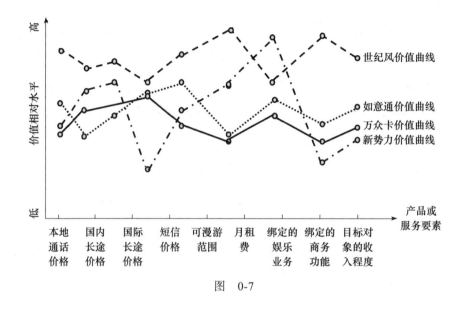

图　0-7

从图0-7中可以看出，中国联通的如意通和万众卡有很多指标是差异不大的，区分并不明显，直接导致内部竞争。此外，这四个子品牌之间也并不能真正做到有效区隔。

盈利模式：收支来源与收支方式

盈利模式指企业的收支来源和相应的收支方式。

所谓收支来源，包括收入来自（或者成本支付给）哪些利益相关者、哪些产品或者服务（或者哪些业务）、哪些资源能力等。

所谓收支方式，指的是采取固定、剩余还是分成，是按照消费资格计算的进场费、消费次数计算的过路费、消费时长计算的停车费、消费价值计算的油费、价值增值计算的分享费还是免费等。

对于收支来源和收支方式还可以形成组合，"低固定 + 高分成""进场费 + 油费"、交叉补贴、"剃须刀 – 刀片"、反"剃须刀 – 刀片"等。

对收支来源和收支方式，我们可以用一个简单的二维图来呈现（见图 0-8）。

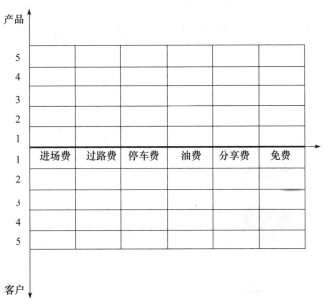

图　0-8

这个二维图的纵轴表示收支来源，这里仅列出客户和产品，事实上可以拓展到不同的利益相关者、许多个资源能力。横轴则表示收支方式，这里仅列出进场费、过路费、停车费、油费、分享费、免费，事实上还可以拓展到固定、剩余、分成等。

而相关的组合计价，我们也可以通过图来显示。不妨以大家熟知的"剃须刀 – 刀片"为例。

众所周知，剃须刀和刀片是一个整体的组合，必须一起使用才能发挥其功能。所谓"剃须刀－刀片"，指的是通过低利润、一次性的"剃须刀"切入市场，形成用户基础（install base），锁定用户消耗"刀片"的市场，并通过源源不断地销售"刀片"获得利润。这种经典的模式在很多领域都有应用，咖啡市场的雀巢（咖啡机＋胶囊）、绿山（咖啡机＋K 杯）都是其中的典范。

在图 0-9 中，分别呈现出"剃须刀"与"刀片"各自的盈利模式，并对它们的关联性也在图上做了标志，表示这两者之间存在关联，是一种组合计价。

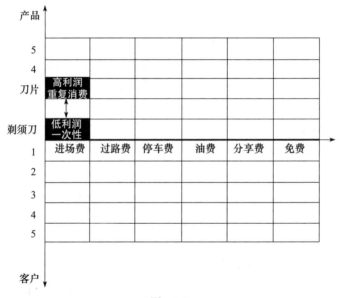

图　0-9

公案：绿山咖啡的"K 杯"传奇

绿山咖啡烘焙公司（Green Mountain Coffee Roasters）销售"克里格单杯咖啡机"和配套的"K 杯咖啡"，和传统的一次就煮一壶咖啡不同，克里格单杯咖啡机每次只煮一杯咖啡，更方便快捷，咖啡香味也更为浓郁，口感超棒，价格却只是星巴克的十分之一，获得很多中产家庭和都市白领的青睐。截至 2013 年 7 月 31 日，连续 52 周终端数据监测表明，绿山咖啡的客户重复购买率以 61% 打败星巴克，排名榜首。

克里格单杯咖啡机必须和其拥有专利的"K 杯"配套使用。所谓"K 杯"是一个外表像纸杯的容器，里面有一个小一点的纸杯状的渗透装置，只能渗透液体，里面装的是咖啡或茶，上面用铝箔盖封口，以保证咖啡的香味不会散发。

将 K 杯置入这种咖啡机，按一下按钮，加压注水管就会穿破铝箔盖进入滤杯中，注入热水。咖啡机会精确控制水量、水温和压力。这些都是设计好的，以保证咖啡香味最大化。不到一分钟，一杯香浓的咖啡就出现了。

经过克里格单杯咖啡机煮出来的咖啡，每杯成本仅为 0.5 美元，远远低于星巴克 5 美元的售价，在经济危机中自然得到很多白领和中产家庭的青睐。2009 年，绿山咖啡的股价曾在一年中涨了三倍，远远超过星巴克。最近一年，绿山咖啡的股价增值 170%（同期星巴克股价仅增值 30%），后劲仍然很足。

绿山咖啡的年报显示，咖啡机基本以成本价或略微亏损价销售，根本不赚钱，其赚钱的来源主要是 K 杯。截至 2011 年，绿山累积销售了 1 300 万台单杯咖啡机，同期 K 杯的销量则达到了 90 亿个！这是典型的"剃须刀－刀片"模式。

绿山把这种"剃须刀－刀片"模式还做了拓展，允许其他咖啡生产商、茶及热可可生产商也可以采用"K 杯"包装销售，在绿山的咖啡机上面使用，绿山公司为此向它们收取每杯 6 美分的"权利金"。K 杯的品种已经囊括了三大品类中多个权威知名品牌。

绿山公司对 K 杯、咖啡机的相关创新技术，在美国本土和全球范围做了专利申请的保护，形成其"剃须刀－刀片"盈利模式的护城河。

美国银行最新发布的报告显示，单杯咖啡已经占市场份额的30%以上。2014年年初，可口可乐与绿山咖啡签订十年协议，斥资12.5亿美元收购后者10%股份，进军家庭单杯冷饮市场。

不只是"剃须刀－刀片"模式，其实很多组合计价我们都可以通过这种二维图的呈现方式表达出来。例如，众所周知的腾讯QQ，采取的是交叉补贴模式，以免费的聊天吸引用户，利用其在互联网上的消费行为协同，对其游戏行为收取费用。而这些用户的关注度又带来广告价值，从而诱导广告商户付费。在这其中，游戏用户包括免费的基础用户和付费的增值用户，他们也是交叉补贴的关系。这就形成了一个"交叉补贴"的完整闭环（见图0-10）。

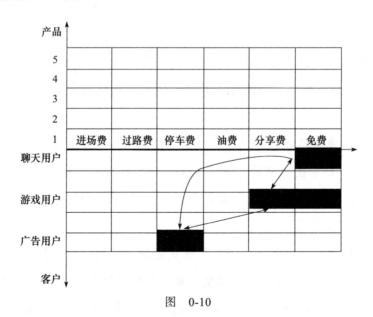

图   0-10

当然，这种二维图表除了用于直观表示盈利模式之外，也可以作为设计盈利模式之用。例如，直接把各种不同的利益相关者、资源能力、产品或服务列在纵轴，把各种不同的收支方式（如进场费、过路费、停车费、油费、分享费、免费、固定、分成等）列在横轴，强制建立关系，思索针对客户的过路费可以如何设计盈利模式，针对供应商的分享费可以如何设计盈利模式等，这都可以产生很多创新的盈利模式方案。

本书安排

本书在内容上可分为五大部分。

绪论部分辨析盈利模式与商业模式、定价的区别，定义盈利模式，介绍盈利模式分析工具。

第 1～2 章介绍盈利模式的收支来源，分别从利益相关者、资源能力切入。第 1 章将介绍利益相关者盈利模式二维图。

第 3～6 章是有关单独收支方式的内容，分别介绍固定、剩余和分成；进场费、过路费、停车费、油费、分享费；顾客定价；拍卖等不同收支方式。

第 7～8 章是收支来源、收支方式结合到一起的组合计价，分别为产品组合计价和消费群体组合计价。

第 9 章是盈利模式的综合应用。

为了让读者更容易理解和把握盈利模式原理，本书穿插很多经典企业实践，并以公案的方式呈现。

公案原本是禅宗术语，指禅宗祖师的一段言行或是一个小故事，通常是与禅宗祖师开悟过程或是教学片断相关。在本书中指的是商业模式微案例。

我们相信，这种微案例或者公案的呈现方式更容易让企业家进入商业情境，快速激发智慧，形成高效、高明的决策。很多商业模式问题的解

决，也许只需要一个公案的分享和讨论。为了方便阅读，每个公案都独立
设计，并以不同字体标识，以期达到最好的阅读体验。

致谢

　　本书引用了很多公案，有一些在成书之前已经发表在《创富志》上，
有一些则来自我们的"商业模式研究"课程上的学生作业。按照本书行文
的说理目的，都做了一定程度的改写。在此，对《创富志》杂志、公案的
原作者致以最真诚的谢忱！

第 1 章

收支来源之利益相关者

——

引子：你需要的全部东西都可以免费

一名 15 岁的美国男孩最近轰动了美国乃至全球医学界，因为他发明出了一种可以精确检测早期癌症的神奇试纸，这项发明甚至有望改变整个医学史的进程。而最令人称奇的是他毫无医学相关的教育背景，获取知识的途径几乎完全依赖于互联网搜索，是的，就像你打开谷歌或者百度然后敲几下键盘那样。

你可以从互联网上找到一切东西。互联网，或者更具体地说，是搜索让一切成为可能。而更令人兴奋的是，这一切都可以是免费的！试想，如果这些搜索而来的信息不是免费的或者不那么廉价，事情的结果又会怎样呢？

问题来了，到底是谁在为我们的"搜索消费"买单呢？他们又为什么愿意这样做，有利可图吗？我们从盈利模式收支来源的角度试着解释。

谷歌有两类重要客户：一类是像我们这样在谷歌进行信息检索的网民；另一类是与谷歌有直接经济交易的商业客户，比如向谷歌购买软硬件的供应商，使用安卓操作系统的手机公司以及广告代理商、黄页发布商等。对于前者，谷歌向其免费提供信息检索服务，赚取网络点击量，而后者，谷歌向其提供产品技术或广告宣传平台，获得实质的经济收入，这正是它得以发展再经营的资金来源。免费的信息资源吸引了广泛的网络用户，在此基础上，形成了独有的品牌效应，包括稳定的检索使用率、较高的检索匹配率与点击率等，这些隐形的效应带来的是包括网络广告市场在内的更大的商机。

考虑到搜索引擎的开发成本很高，需要这一技术又无力或者无必要自主研发的网络企业便成为谷歌 Page Rank 搜索技术的客户，如一般的门户网站、网络销售网站、职位检索网站等。谷歌则按照搜索频次来收取授权使用费，也就是计价方式中的"过路费"。相对于搜索技术授权，网络广告是更主要的一个业务板块，或者说，这些广告客户才是为我们搜索买单的主力军。火热的人气被数以几十亿计的谷歌"搜民"聚集起来后，巨大的网络广告市场便悄然打开，谷歌从广告商一方赚取服务费便是水到渠成的事，这其中可以按照图片广告点击量收取"过路费"，也可以按照视频广告的播放时长收取"停车费"，一切你情我愿。对于一些实力欠佳的广告商来说，采取网络广告按点击率付费的方式显然比平面媒体广告付一笔"进场费"来得经济又实惠（"过路费""进场费""停车费"等定义的解释和阐述，详见第 4 章）。

于是，从搜索业务的角度看，作为谷歌的直接客户，网民不必付费便可以得到服务，相应的费用由作为第三方客户的广告商或者技术需求商承担；而从广告业务和技术授权业务角度来看，广告商和门户网站等客户都从搜索业务中的第三方角色转变为直接客户，并成为谷歌两项业务的主要收入来源。

如果将视野放大到谷歌的整个业务模式，可以认为谷歌是在通过区分不同的利益相关者来确定每项业务的收入来源和成本支付。围绕不同业务

的各方利益相关者建立起了一个稳固的盈利模式合作体，在自身利益也得
到很大程度满足的条件下，互相之间以不同的交易形式为主体企业输送了
源源不断的利润。这便是谷歌看似"免费"的成功盈利模式背后的真实
故事。

盈利模式寻宝图：从 PM0 到 PM11

商业模式本质上就是利益相关者的交易结构。在商业模式理论中，利
益相关者有内外之分，内部利益相关者是指企业的股东、企业家、员工
等，可以是个体，也可以是一个特殊的部门群体。比如以制造 3G 通信标
准为主营业务的高通公司，其自主研发的开放式 BREW 平台就可以视为
一个内部利益相关者，它专门为技术开发商、设备制造商、电信运营商提
供应用、控制平台和端口工具等服务，为自有的 CDMA 技术构建了一个
共生共荣的生态系统，是高通持续盈利的最关键所在。而外部利益相关者
指的是企业的顾客、供应商、其他各种合作伙伴，包括企业的直营店、控
股公司、参股公司和纯市场合作关系的公司或机构等。这些内外部利益相
关者在一个商业模式架构下通过各种交易活动相互联结起来，各取所需，
各有所得，为彼此创造一个独特的商业价值体系。

那么，该如何去划分这些利益相关者，使之真正体现他们潜在的价值
并为整个商业模式系统贡献一己之力呢？这就要从企业盈利的角度出发，
即企业收入和成本的来源分别归属于哪些利益相关者，以此为考量来设计
一个企业的盈利模式。

我们可以设定一个分析矩阵，包括成本支付和收入来源两个维度，水
平方向表示为企业贡献收入的利益相关者，分别是"直接顾客""直接顾
客＆第三方顾客"及"第三方顾客"；垂直方向则为承担成本的利益相关

者，可以分为"企业""企业&第三方伙伴""第三方伙伴"以及"零可
变成本"。这样就得出一个包含 12 个子区域的盈利模式矩阵，如图 1-1 所
示（盈利模式的英文表达为 profit model，矩阵中我们用 PM0 表示"盈利
模式 0"，依次类推）。可以看出，收入来源可以不是直接顾客或者主营业
务，而可能是第三方或其他利益相关者。成本和费用也不一定是企业自己
承担，可以转移给其他利益相关者。

成本支付	直接顾客	直接顾客& 第三方顾客	第三方顾客
零可变成本	PM9	PM10	PM11
第三方伙伴	PM6	PM7	PM8
企业&第三方伙伴	PM3	PM4	PM5
企业	PM0	PM1	PM2

收入来源

图　1-1

PM0：由企业支付成本并从直接顾客获取收入。这是最普遍的盈利模
式，很多"产销一条龙"的传统制造型企业都是如此：支付购买原材料、
生产制造和渠道销售的成本，通过直接销售给顾客得到收入，收入减成
本，就是盈利。对企业而言，交易结构很简单，除了原材料，基本只涉及
两个利益相关者：企业和直接顾客。

从 PM1 到 PM11，交易结构明显比 PM0 复杂，一般至少要涉及三方
利益相关者，这其中就存在很多盈利模式创新的空间。

PM1：企业投入成本生产产品或者服务，从直接顾客和第三方顾客均
获取收入。比如，杂志向读者收取订阅费用，同时向在其上发布广告的商
家收取广告费，在这个盈利模式中，广告商的目标受众是杂志的读者，因

此是杂志的第三方顾客，而读者无疑是直接顾客。同样地，腾讯的互联网增值服务就采取这样的方式，虚拟的衣服、道具、宠物等都向直接顾客收费，而这些产品的边际成本几乎为零，同时腾讯也向嵌入其网络游戏或其他应用的广告商即第三方顾客收取服务费。

PM2：企业投入成本生产产品或者服务，直接顾客免费消费，第三方顾客支付费用。这正是本章开头提到的谷歌搜索业务采用的模式，另外，电视台、免费报刊都在此列。与PM1相比，PM2虽然减少了直接顾客的收入贡献，但完全有可能通过免费扩大客户规模和品牌效应，从而向第三方顾客收取更高的费用。PM1和PM2的交易结构极为类似，在很多场合下可以转换，差别仅仅在于是否对直接顾客收费。

PM5：企业和第三方伙伴承担生产成本，第三方顾客支付价格，直接顾客免费。在这里，第三方伙伴和第三方顾客可以作为同一主体出现。例如，在2012年最火的电视娱乐节目"中国好声音"中，浙江卫视和节目制作方作为企业和第三方伙伴共同投入、共担风险、共享利润，加多宝提供赞助和宣传，中国移动同时作为第三方伙伴和顾客提供彩铃下载服务，与浙江卫视和制作方利润分成，全国手机用户作为第三方顾客通过下载彩铃为企业贡献收入，电视观众则免费观看节目。

PM6：企业零投入，第三方伙伴投入提供产品和服务的成本，直接顾客可以得到较低价格的产品和服务。例如，很多商业论坛中，主办方一般只负责召集参会人，具体的会场运作、服务提供都由企业赞助，而参会人可能分层付费，VIP座位高价，一般座位免费或者低价。

PM11：企业零边际成本生产，第三方顾客支付价格，直接顾客零价格。PM9、PM10、PM11分别从PM0、PM1、PM2衍生而来，关键只在于边际成本为零，因此大多来自实体经济的"互联网化"或"移动互联网化"。例如，脱胎于PM2的PM11可见于游戏软件厂商在游戏里提供广告，与在传统媒体打广告相比，互联网或移动互联网使边际成本成为零。

有一点需要指出，本书 PM 图的划分只是给出一个范例，PM 图的应用不局限于本书的划分方式。只要是按照成本、收入维度合理划分的 PM 图，均可用于收支来源之利益相关者的分析，并给设计新盈利模式以启示。

公案：销售牙膏、纸巾，从 PM0 到 PM2

日用品的消费比较稳定、可预测，而且规模较大。但这些日用品又零散，如果到超市大卖场购买，大包小包的，绝对会让一般消费者望而却步。

爱丽丝网（Alice.com）建立了一个日常用品网站，只要你在其上注册，告诉它家里有几口人，分别为男、女、大人、儿童等，它就会计算出你的日常用品需求有多大，然后给你定期邮寄，而且包邮哦！

关键在于这些产品，爱丽丝网直接向生产厂家购买，绕过中间商，价格只有同等网站的一半多。它是怎么做到的？

原来，爱丽丝网赚取的并非产品差价，而是广告费。这些厂商很多都为沃尔玛等大型连锁百货卖场代工供货，当销售额达到一定规模后，很有意愿推出自己品牌的产品。如果网购流量合适的话，它们甚至考虑可以不给沃尔玛供货。爱丽丝正是帮这样的厂商扩大消费群体，为它们打广告，收取广告费。别忘了，日常用品的范围也很大，这本身也是打广告的完美载体。

如果采取靠销售差价获得利润，采取的是 PM0，企业承担成本，直接顾客贡献收入。而爱丽丝网则是 PM2，企业承担成本，第三方顾客（生产日常用品的厂商）贡献收入（见图 1-2）。

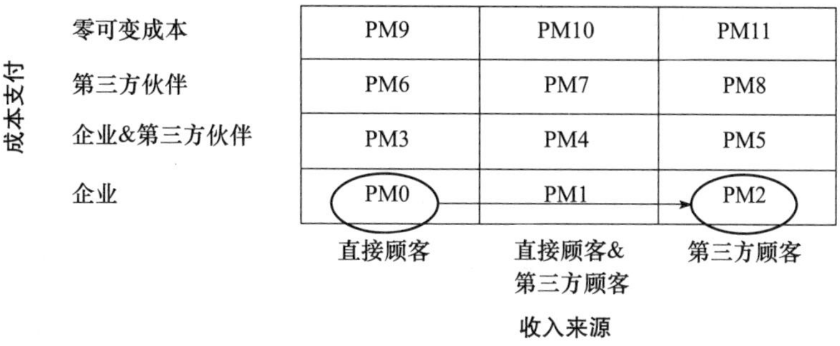

	直接顾客	直接顾客&第三方顾客	第三方顾客
零可变成本	PM9	PM10	PM11
第三方伙伴	PM6	PM7	PM8
企业&第三方伙伴	PM3	PM4	PM5
企业	(PM0) →	PM1	(PM2)

成本支付（纵轴）　收入来源（横轴）

图　1-2

从传统的 PM0 升级到创新的 PM2，爱丽丝网发展很迅猛，从起步到谈成 6 000 种商品，只花了不到一年的时间。

公案: 让顾客变成你的销售员，MediFast 年均增长率超过 40%

MediFast 是一家销售减肥产品的公司。这种减肥餐每天吃六顿，间隔两三个小时吃一顿，都是高蛋白和碳水化合物水平低的食物。MediFast 宣称，它的产品安全性和有效性均经过医学认证，绝对健康、安全。但即使这样，创立的前 20 年，MediFast 的业绩也没有特别大的惊喜，总是不温不火。直到 2005 年前后，它改变了自己的盈利模式，重构了收支来源，才取得了长足的发展。2005 年当年的收入仅有 400 万美元，但之后一路高歌，2009 年，竟然翻了几倍，达到 1.7 亿美元，年均增长率超过 40%，净资产收益率为 17%。

它是如何做到的呢？很简单，让顾客变成销售员，由减肥成功的"前"胖子激励还没减肥的"现"胖子。

我们都知道，减肥是一件痛苦的事情，一旦减肥成功，这种成就感是难以言喻的，恨不得到处找人显摆；而对于胖子而言，减肥注定是一条艰难、孤独的路，有人现身说法并监督、陪伴自己减肥是很有必要的。而"物以类聚，人以群分"，胖子和胖子经常是聚集在一起的。MediFast 就为他们建构了可以相互影响的盈利模式。

已经减肥成功的"前"胖子可以注册成为公司的"健康教练"，只要通过考试，就会拥有一个ID号和个人专用网页，公开显摆其减肥故事。只要有"现"胖子相信，从你这上面购买MediFast的产品，你就可以获得提成。公司收款，健康教练不需要垫付资金，直接获得佣金。健康教练不需要到公司打卡，公司也因此省了很多费用，效果还更好。

如果"健康教练"业绩不错，可以继续升级为"商业教练""商业总监"等，从培训下一级中获得收益。公司为这些教练提供"虚拟办公室"，供其完成订单处理、聊天交流等事务，同时成立一个由专业医生和护士组成的"健康研究所"，为教练提供每周的培训及电话咨询。

显然，MediFast的盈利模式一开始是PM0，由企业培养销售员，承担销售业绩，支出成本，并从直接顾客获得收入；后来进化到PM6，销售业绩由第三方伙伴（已经减肥成功的"前"胖子）承担，大大降低了办公费用，而且效果卓著（见图1-3）。

		收入来源	
成本支付	零可变成本	PM9	PM10	PM11
	第三方伙伴	PM6	PM7	PM8
	企业&第三方伙伴	PM3	PM4	PM5
	企业	PM0	PM1	PM2
		直接顾客	直接顾客&第三方顾客	第三方顾客

图 1-3

自从转变盈利模式后，MediFast的发展就进入快车道，据《福布斯》报道，盈利模式转变5年后，截至2010年9月，MediFast的健康教练已达到8 000人，人均销售额达到1.5万美元。

互利共生：寻找利益相关者之间的关联

从利益相关者的角度思考盈利模式，关键在于寻找利益相关者之间的关联性，思考以下问题：他的利益诉求是什么？谁能够影响他？在什么条件下他愿意参与这个商业模式？等等。只要在众多利益相关者之间形成价值闭环，他的需求有人提供，他的成本能够承担，他的收益可以保证，他的优势可以发挥，这就是一个完整的盈利模式循环。

设想一下，一家航空公司、一位客车司机、一个旅行社和一个卖车行，它们是如何盈利的呢？答案可以有很多种。比如，旅行社承担为旅客服务的成本，收取团费和合作伙伴的佣金；航空公司卖机票，并付出运营成本；客车司机靠载客赚取服务费；最后，卖车行自然是通过买车卖车来赚钱。四川航空给出了一个让人拍案叫绝的答案。

公案：四川航空的"双循环"盈利模式

如果你乘坐了四川航空的飞机，飞机降落前，广播会通知："各位乘客请注意，如果您购买的是四川航空五折以上机票，降落后我们会为您提供专车免费接送服务。"在专车上，你一定会看到至少三种信息：订车热线、售票热线和免费接送广告。这些车并不是四川航空的，而是旅行社的，开车的司机也是独立的经营者。

他们之间如何定价呢？这正是此盈利模式的精髓之处。卖车行本来价值 14.8 万元的车，旅行社只用了 9 万元就买下来，却转手以 17.8 万元的价格卖给了开车的司机。这里面的玄机就在于旅行社为所有的利益相关者编织了一张相互依存、彼此增值的生态价值网（见图 1-4）。

这里面包含两个价值循环，一个是搭载乘客的循环，另一个是购销车辆的循环。

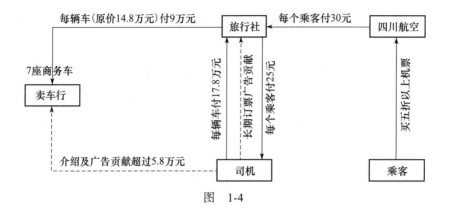

图 1-4

在搭载乘客的循环中，乘客免费坐车，对每一个乘客，四川航空付给旅行社30元，旅行社付给司机25元，司机每趟载满7个人，收入175元。

这个过程中，乘客可以节省150元的出租车车费，并获得免费车辆接送的服务便利。航空公司付给旅行社30元，但从五折以上机票中赚取更多利润，并且建立了优质服务的品牌效应，获得了一批中高端客户群体。旅行社从航空公司拿到30元，付给司机25元，每位乘客净赚5元。司机一趟载满7人，每人25元，一共175元，比出租车150元多赚25元，且客流稳定。

再看购销车辆的循环。原价14.8万元的汽车，卖车行以9万元卖给旅行社，旅行社转手以17.8万元卖给司机，司机获得这条线路的5年经营权。

对卖车行来说，貌似吃亏其实不然。旅行社每年向卖车行收取1万元宣传费，5年一共5万元。然后司机会充当推销员将卖车行的广告资料发给客户，并主动介绍这款车的性能很好，要知道坐车的大部分都是中高端商务客户，有足够的买车需求。此外，车身广告和热线电话一个月收100元，5年一共6000元，加上宣传费一共是5.8万元，这便是14.8万元折价为9

万元的差额。而事实上，司机介绍和车身广告的贡献要远远超过 5.8 万元。

对司机来说，好处也很显然。花 17.8 万元买到一辆车外加 5 年的线路运营权和稳定的客流，比起购买出租车牌照或者直接向卖车行买车要合算多了。

对旅行社而言，利益不言而喻。每辆车的买卖价差可以净赚 8.8 万元，120 辆车就可以进账 1 056 万元，同时，车身热线广告的低成本更是带来可观的收益。有数据表明，2008 年汶川地震期间，某家旅行社平均每天就卖出 5 000 ～ 10 000 张机票。

利益相关者之间看似错综复杂却有利可图的交易结构，为主体企业的定价模式提供了多样和高效的可能。依照我们介绍的收支矩阵来看，这个盈利模式网中的大部分利益相关者采取的都不是传统的 PM0（四川航空除外），也就是收入来自直接顾客，成本由企业承担。司机的收入来自第三方顾客（旅行社），成本自担，属于 PM2。卖车行的收入来自直接顾客（直接买车的旅行社）和第三方顾客（司机介绍和广告带来的隐性收入），成本自担，属于 PM1。旅行社的收入来自第三方顾客（四川航空和司机），成本（购买的车款）和第三方伙伴（卖车行提供部分车款）共同承担，属于 PM5（见图 1-5）。

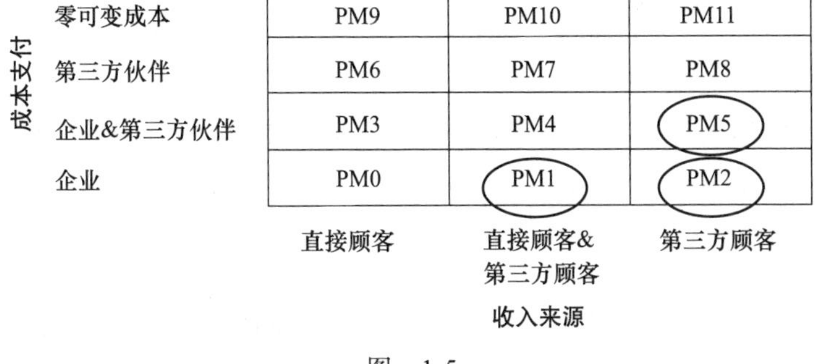

零可变成本	PM9	PM10	PM11
第三方伙伴	PM6	PM7	PM8
企业&第三方伙伴	PM3	PM4	PM5
企业	PM0	PM1	PM2
	直接顾客	直接顾客&第三方顾客	第三方顾客

成本支付（纵轴）　收入来源（横轴）

图　1-5

旅行社作为这个盈利模式的龙头，通过对各方利益相关者进行切割和重组，在满足彼此利益的基础之上合理地定价，巧妙地设计出一个循环往复、生生不息的生态价值网。

前面已详细介绍了 PM 图的理论框架和对应案例，接下来将通过几个案例强化读者对 PM 图的理解和应用，最终目的是当面临实际盈利模式设计时，读者可自行应用 PM 图进行分析重构，为各利益相关者“编织一张网”。

免费不是问题，收费才是

随着互联网和移动互联网的兴起，免费模式获得很多创业者和投资者的青睐，有一段时间，互联网言必谈免费成了时尚。

确实，随着互联网的普及，免费已成为大部分互联网企业常见的一种盈利模式。迄今为止，国内互联网行业发生了三次“免费”和“收费”大战：第一次是 263 收费邮箱和网易免费邮箱之争；第二次是 C2C 电子商务领域的淘宝免费和 eBay 收费之争；第三次则是 360 免费杀毒和收费杀毒软件之争。每次都是免费大获全胜。谷歌公司首席经济学家、加州大学伯克利分校教授哈尔·范里安也曾说过，免费战略的流行是低成本数字媒体企业兴起的直接结果。免费所代表的盈利模式对应到我们的 PM 图，就是 PM2 和 PM5 所在的一列。

需要指出的是，并非所有企业或产品在应对互联网的冲击时，都能依靠免费的盈利模式来解决问题，否则这种方式只不过是变相的恶性价格战争。

企业的根本在于盈利，简单的免费并不是问题，如何利用免费实现收费、实现盈利，这才是创业者需要面临的问题。

对创业者而言，免费不是目的，通过免费实现收费才是目的。对消费者而言，如果你所消费的产品或者服务是免费的，意味着，你自己本身已经变成商家所售卖的产品或服务。

因此，问题的关键还是在于如何在各种利益相关者中编织一张网，而免费仅仅是"连接"某一类利益相关者（如直接消费者）时一个较稳定和实用的方式而已。

以下两个公案可以给创业者带来一些启示，它们都来自大医疗行业。随着中国人口老龄化和消费升级，大医疗行业将涌现出一大批优秀的企业。这两个公案虽然都是国外企业，但所涉及的病历管理和处方审核却是未来中国企业可能碰到的，因此，它们对盈利模式的设计值得借鉴。

公案：免费记录病历，从哪里赚钱

PatientsLikeMe（像我一样的患者）是一个面向患者的社交网站，采取会员制。只要注册为网站的会员，就可以简单填写自己的病历：病史、诊断结果、服用药物、治疗办法等。这些信息可以详细到自我感觉、服药的起止时间、剂量、频率、手术等，在网站的引导下，填写过程十分简单。会员还可以看到患有同样疾病的病友，彼此交流病历。

这些数据每天只可以更新一次，网站会按照时间排列自动生成图表，方便会员查阅。

通过这些病历，会员可以查阅同样疾病、不同医生的诊疗过程，就一些有疑问的地方和医生交流。例如，有个会员经过医生推荐需要服用一种药物，但是他担心副作用太大。在 PatientsLikeMe 上，他查阅患过同样疾病的会员病历，确认这种药物的副作用的确较大，从而可以和医生沟通采取另一种诊疗方式或者服用另一种药物。

　　显然，对医生而言，登录 PatientsLikeMe 查阅病历也是一种更为方便的方式。

　　会员通过网站注册、登记病历并不需要付费，那么网站怎么挣钱呢？并不是通常的广告。PatientsLikeMe 的主要收入来源有两个：第一，将沉淀下来的大量病例数据，以匿名方式出售给医药公司等合作伙伴；第二，帮助制药公司招募患者进行新药的临床试验，应征的患者也有一定的回报。

　　虽然出售病历存在一定的医疗伦理问题，但匿名加工至少部分地规避了风险。目前，PatientsLikeMe 运行良好，尚未遇到这方面的法律问题。

　　医疗是一个遍布灰色收入的行业，能有办法规避吗？美国的 ESI 给我们提供了一种思路。

公案：降低医疗灰色收入，ESI 从保险公司获利

　　ESI 成立仅二十几年时，在美国《财富》500 强中，过去 10 年投资总回报排名第五，更让人印象深刻的是，前 20 名中，它是唯一一个提供"服务"而非高科技、石油或者新能源领域的企业。

　　ESI 的商业模式中，包括三类利益相关者：会员、保险公司和加盟零售店。ESI 的会员拿到医生处方后，可以直接到 ESI 最近的加盟零售药店刷卡取药。会员在药店成功刷卡后，处方信息会自动上传到 ESI 云端接受全方位审核（用药史、保险资格、选药、价格、报销比例等）。

　　审核是 ESI 的核心流程，ESI 有权修改医生处方。在会员刷卡后的极短时间里，ESI 就可以计算出一个新方案，既保证药效和安全，又能为会员和保险公司节约药费。这就杜绝了医生过度用药、多开药等灰色收入。这部分费用节约就是 ESI 为会员、医疗保险公司所带来的价值。

　　审核通过后，根据保险合同支付自付部分后，会员即可获得药品。在会员付款的同时，ESI 先向加盟药店支付剩余药款，再向保险公司收取药

费。由于 ESI 为保险公司节约了赔付开支，其中的一部分就成为医药保险公司向它支付的服务费。至于药费差价，则直接补贴给会员，ESI 并不收取任何服务费。

通过 ESI 的体系，会员获得更便捷的保险理赔，医药保险公司得到赔付开支的节约，加盟药店获得了巨大的人流量，多方共赢。损失的只是医生的灰色收入，而这个，本来也是医生所不该赚取的。

因此，ESI 得到很多零售药店和患者会员的欢迎。ESI 拥有 5 000 万患者会员，占美国总人口的 1/6，同时与超过 6 万家的零售药店建立了紧密的加盟合作关系。

ESI 的介入，实际上首先是基于患者会员和医生的关系，但是在盈利模式的设计上，却从第三方医疗保险公司收钱，不但是因为保险公司获得开支节约的利益，更重要的是，保险公司是个可规模化的利益相关者，服务费的支出也是节约中的一部分，属于增量分割。而且，保险公司是机构，其法律责任更容易管理，交易成本和交易风险更低。

获得高价值的利益相关者

企业的收入来源于利益相关者，因此，如何获得高价值的利益相关者就尤为重要。

高价值的利益相关者至少具备以下三个特点的其中一个或几个。

第一，总数量大。目标群体的总数量非常大，是主流人群。如沃尔玛，针对的是主流人口特征的消费群体。

第二，高毛利。每位消费者可以贡献高额利润，如奢侈品、豪华赌场等。

第三，可规模化接触。消费者根据特征可能聚集在某些场合、某些情境，这就可以把碎片化的消费者聚合接触。如 QQ 就是通过网络聊天，聚合年轻网民的。

如果收支来源已经确定针对某一类利益相关者，那么，如何通过盈利模式的设计，形成可规模化接触，提升其对利润的贡献就显得尤为重要。王子的新型唱片销售模式值得一提。

公案：负定价带来正收益，王子巧妙扩大影响力

随着音乐数字化的发展，非法下载与翻版导致原创音乐专辑销量日益下降，成为困扰全球音乐市场的症结，唱片公司的利润每况愈下。成本结构的限制使唱片公司无法继续降低价格吸引消费者购买。难道唱片市场会重蹈报纸业和过去豪华百货公司的覆辙，被完全"互联网"化吗？2007年，美国的一个艺人"王子"创造了一种新型唱片销售模式，成功解决了翻版和非法下载带来的问题，给这个问题提供了一个否定的答案。

对于新推出的 280 万张 CD，王子选择免费赠送，随同还赠送 280 万份周日版的伦敦《每日邮报》，同时王子向《每日邮报》收取每张光盘 36 美分许可费（通常情况下，《每日邮报》售价 2 美元）。显然，对于王子和《每日邮报》而言，唱片销售是"负定价"，不但没赚钱，还倒贴。

虽然唱片销售"损失"不少，但随着知名度的提高，王子 8 月在伦敦开唱 21 场，所带来的音乐会收入，在该地区刷新了纪录；与此同时，《每日邮报》还带给了王子一定的许可费。

王子由于"免费音乐"扩大了歌迷基础，使"现场演出"成为最盈利的部分，并且收入不只来自门票销售：巡演通常能拉到赞助，如 Vans Warped Tour 音乐节，由著名极限运动品牌 Vans 赞助，而且像"骆驼"这样的公司也会向音乐节主办方付费，以获得参加节日活动者免费提供香烟或其他产品的机会。

在食品、饮料、商品和住房之间，各种音乐节本身就是一个完整的旅游产业，它建立在众多乐迷享受音乐大餐的基础上。如何把这张利益网络越编越大，将是王子下一步需要考虑的事情。

对于《每日邮报》来说，虽然损失了 2 美元（通常售价）+36 美分（许可费），但在赠送 CD 的推动下，报纸发行量当日陡增 20%，并带来了大量广告收入。

对于歌迷来说，免费听唱片、看报纸的机会，何乐而不为呢？

通过盈利模式的设计，各方都获得了正收益。

如果仔细思考，可以发现王子唱片的盈利模式可以对应到 PM5：企业和第三方伙伴承担生产成本，第三方顾客支付价格，直接顾客零价格。值得注意的是，在这里，第三方伙伴和第三方顾客可以是同一主体。例如，在 2005 年最火爆的娱乐事件"超级女声"中，蒙牛提供赞助和宣传，天娱传媒负责选手培训、赛事策划和商业包装，企业付广告费，中国移动与中国联通提供短信平台，观众免费观看并通过短信投票，湖南卫视提供频道并获取以上活动产生的收入（其中一部分要跟第三方伙伴分成，例如中国移动和中国联通的短信平台）。

对王子唱片而言，寻找到《每日邮报》作为接触歌迷的可规模化传播渠道，并将其设计进盈利模式，对其补贴，形成推动歌迷规模的巨大推力，无疑是其整个盈利模式设计布局中的棋眼。

这种可规模化接触的棋眼设计也可以是某种并不复杂的技术。SoundHound 的歌曲搜索技术就因此改变了一个细分市场的盈利模式。

公案：听歌找歌曲，SoundHound 切入三个盈利来源

搜索歌曲是一件让人崩溃的事情，因为很多时候，你只记得旋律、节奏，而不记得歌词。传统的搜索需要你至少能记得一两句歌词。

SoundHound 的技术给这种搜索窘境历史画上了句号。SoundHound 将音乐中的节奏、旋律、歌词等特征提取出来，只要你提供一点点的数据，不管是节奏、旋律还是歌词，它都可以跟云端服务器的强大数据库很快比对，在 4 秒钟内就得出搜索结果（竞争对手一般要 12 秒，是 SoundHound 的 3 倍时间）。

SoundHound 把这种技术设计成手机端的应用程序，可以在苹果的 App Store 或者 Android 应用商店上下载。如果你通过它的应用程序搜索到相应的歌曲，可以付费购买这些歌曲。SoundHound 从中有一定的收入分成。

此外，SoundHound 还有另外两个收入来源。

第一个是应用程序的下载。SoundHound 设计了两个版本的应用程序：免费版本和收费版本。免费版本每个月只能听 5 首歌曲，超出 5 次就要付费，升级为付费版本。可以选择每增加 5 次付 0.99 美元，也可以选择一次性支付 4.99 美元听无数歌曲，从此不用再付费。

第二个是广告。SoundHound 的免费应用程序中有嵌入广告，这也是一笔重要收入。

SoundHound 还鼓励用户通过"在线录音棚"录制音乐，为数据库贡献歌曲。如果你足够有天赋，说不定就此成为独立的音乐人。用户录音的语言已经达三十几种。

广告模式的根本：获得精确的关注度

广告是典型的免费盈利模式，是第三方付费的经典交易方式，但是如何吸引到合适的高质量免费客户，却并不容易。

免费客户虽然不付费，但是对服务却有很高的要求，其黏性并不容易保证；而对广告模式而言，免费客户又需要具备一定的消费力，才能得到广告商家的青睐。这里面，获得精确的有效关注度是关键。新浪微博与返利网的模式值得借鉴。

公案：新浪微博，社交信息助力精确营销

"写微博，上新浪"，这已经成为很多网民的一种生活习惯。

新浪不惜巨资，和各种领域的明星、名人签署协议，吸引其落户新浪，产生了大量内容；建立了人数多达数百人的编辑团队，竭力对这些海量的资讯内容进行整合和推广；还提供丰富而易用的互联网产品服务，并在美观度和互动性上不断精益求精。

这些内容和服务都对新浪微博的普通用户产生了巨大的吸引力。重要的是，它们都是免费的。更确切地说，这些都是新浪微博吸引用户，形成一个越来越庞大的用户群的手段。

它的主要收入来源是广告商。

海量用户，正是广告商感兴趣的！

广告商会甄选可能成为其客户的新浪微博用户，然后在他们注意力比较集中的相关页面投放广告；新浪微博的用户在浏览免费内容和使用免费服务的同时，也潜移默化地接受广告商的广告灌输，并有少量的用户会为广告产品买单，给广告商带来高于广告投入的回报。只有新浪服务好了这批海量的免费用户，才有可能从广告商那里得到更多的收益。

新浪微博的用户之所以会是很好的广告对象，在于用户在微博上产生的内容，会暴露他的喜好、他的影响力、他的习惯等，这些为广告商家形成精确营销打下了很好的基础。

在一定程度上，新浪微博就是一个大广告牌。

当然，由于微博的根本还是在于交流和媒体，广告并不是用户登录新浪微博的目的，广告体验的本身好坏，会直接导致广告的效果。而且，随着移动互联网的兴起，微信的强关系朋友圈对微博的弱关系关注形成了一定的替代，未来新浪微博往哪个方向发展，并不明晰。

和新浪微博的间接广告相比，返利网则更为明确，直接通过用户的网络购买行为设计广告，广告关注度更为精确。

公案：返利网，电商的流量入口

返利网成立于 2006 年 11 月，是国内首家电商类 CPS（Cost Per Sales，以实际销售产品数量来换算广告刊登金额，即根据每个订单 / 每次交易来收费的方式）效果营销服务提供商。公司凭借良好的用户体验，成为国内返利行业市场规模最大、用户活跃度最高的"第三方返利导购"平台。

返利网拥有千万级注册会员，保持每月千万级返利金额，吸引包括京东商城、当当网、1 号店等在内的 400 余家知名 B2C 电商集体入驻，覆盖中国 40% 以上网购人群。

如果你到淘宝、京东购物，先从返利网进入，通过返利网上的链接购买，可获得平均 5% ～ 10% 的返利，最高时达 35%。返利网直接把这些钱返到你的返利网账号里，超过 5 元即可提取至自己的银行卡或支付宝账户里。如果商家返还的是积分，也会存在返利网账户里，可兑换商品。

我们可以分别为返利网、电商和消费者算一笔账。

对于返利网来说，折扣的吸引会带来大量的客户浏览量，从而延伸出广告商机；并且对于每个在返利网展示的电商，返利网都会收取一定的佣金。

对于电商来说，它们为什么愿意和返利网合作呢？尤其是像淘宝这些很成熟的 B2C 平台，本身的知名度比返利网要高很多。因为原本需要花 100 元网站宣传广告费，利用返利网的平台 10 元就能实现，这对于处于烧钱阶段的电商来说犹如雪中送炭。

最后，对于消费者而言，在返利网上购物，可以得到一笔返利，而这部分钱来自电商付给返利网佣金的 80%。

对应到我们的 PM 图，返利网的盈利模式就是 PM7：企业零投入，第三方伙伴投入提供产品和服务的成本，直接顾客可以得到较低价格的产品 / 服务。与其类似的还有 PM6，区别在于此时只有直接顾客获得收入，如很多商业论坛中，主办方一般只起到召集参会人的作用，具体的会场运作、服务提供都由企业赞助，而参会人则可能分层，VIP 座位高价，一般座位免费或者低价出售。·

小结：让利益相关者之间实现持续互动

对于焦点企业而言，PM 图中"网罗"的利益相关者越多，这些利益相关者之间循环的正反馈性（如果 A 的规模越大，将导致 B 的规模越大，则表示 A 对 B 有正反馈性）就越大，最终对焦点企业而言，都将稳固现有收入来源或者带来新的收入增长点，从而提高交易价值。当然，这并非仅仅是利益相关者数量上的博弈，利益相关者的数量并非越多越好，关键还是如何让各方利益相关者形成"稳定"的网络。

如前文提到的四川航空，乘客会由于旅行社、大巴接送等便利服务的存在而更偏向于订购四川航空的机票，即使四川航空的机票高于同时期其他航空公司的机票价格（要知道，四川航空的目标客户是购买五折以上机票的人群，对于这类人群而言，价格并非敏感因素）。通过旅行社和大巴服务对乘客的正反馈性，四川航空的交易价值得到提高。再比如返利网，通过与淘宝、京东等大型 B2C 平台对客户的正向吸引，返利网可以轻易扩大用户群从而吸引更多的广告商。除了顾客与新利益相关者之间的正反馈性，新的利益相关者自身也可能成为焦点企业的新客户，如前文提到的第三方伙伴，从而进一步扩大焦点企业的交易价值。

为了"网罗"利益相关者使其成为盈利模式中的一员，焦点企业在期初往往需要付出一定的成本。当然，最理想的情况是现有利益相关者与新利益相关者之间存在天然的互相吸引，二者的资源能力完全互补匹配。但现实往往并非如此，这时候就需要焦点企业合理地切割和分配不同利益相关者的资源能力，从而构建稳定的"关系网"，切割过程中会产生一定的交易成本。交易成本既可以由焦点企业自身承担，如四川航空付给旅行社30元每位乘客的费用；也可以由焦点企业与新利益相关者共同承担（焦点企业转移部分成本到新利益相关者），如"中国好声音"主办方和赞助方；如果焦点企业切割的方式足够强大，甚至这种交易成本可完全由新利益相关者承担。最后一种情况对焦点企业来说实现难度最大，但同时所带来的价值空间（= 交易价值 – 交易成本）也是最大的。

公案：垃圾变废为宝，没有成本、多方共赢的盈利模式循环

TerraCycle 创立于 2001 年，创始人是美国普林斯顿大学的辍学生。这是一家小公司，却获得了 50 多家行业巨头的支持，其中包括星巴克、塔吉特、玛氏、家乐氏等。

TerraCycle 做的是变废为宝的创意生意，简单地说：TerraCycle 的雇员把垃圾设计成创意产品，例如糖纸变成铅笔袋、餐厅残渣变成植物肥料等。设计完成后，就交给制造公司批量生产，出厂后放在沃尔玛、塔吉特等连锁超市销售。TerraCycle 的创意产品超过 200 种，包括音响、家具、相框、时装、时钟等。

这个模式表面上很简单，实际上，TerraCycle 为各个利益相关者都设计了相应的盈利模式。

首先是垃圾的来源，TerraCycle 是免费获得的。上文提到的星巴克、塔吉特、玛氏、家乐氏等行业巨头，常年被环保组织和环保人士评为环境的敌人。TerraCycle 与他们签订协议，由这些"环境的敌人"免费提供废弃的垃圾。

这些行业巨头可以获得以下好处：第一，上面提到的创意产品在连锁超市销售后，巨头们可以获得相应垃圾净销售额 5%～7% 的分成；第二，这些创意产品会保留原来的标签，例如，如果是用星巴克杯子做成的创意产品，仍然保留星巴克的标志，这对星巴克无疑是极好的"企业社会责任"广告。

其次，TerraCycle 还组织了一大群环保小分队回收塑料袋和饮料盒等。每收集一件垃圾，环保小分队可获得 2～5 美分的报酬，这笔钱由这些行业巨头支付。这进一步提高了行业巨头的社会形象，也进一步推进了环境保护。已超过 1 000 万人参与了这项活动。

自从采取这种各个利益相关者之间互动共生的盈利模式之后，TerraCycle 的销售收入连年翻番，成为公益领域的成功典范。

即使是针对公益，只要考虑到各个利益相关者的利益诉求，巧妙设计，仍有可能设计出四两拨千斤的盈利模式，这就是从利益相关者角度分析、设计收支来源这个视角给我们带来的启发。

因此，对于焦点企业而言，最终目的是要编织一张稳定、互动性强、可持续的利益网络。这也就意味着现有利益相关者之间至少存在相互吸引和交换的前提。一旦这个前提发生改变或不复存在，对焦点企业的打击都是巨大的。焦点企业在"欣喜"扩大价值空间的同时，也要时刻考虑利益相关者离开的潜在风险。

让多个利益相关者之间实现长期、持续的互动，是收支来源 PM 寻宝图能够真正落到实处的关键所在！

第2章

收支来源之资源能力

引子：小浣熊的大生意

　　一家以小浣熊为企业标志的中国互联网企业搅动了美股投资者的神经。自 2012 年 11 月在纳斯达克上市以来，这只可爱的小浣熊的市值一路高歌猛进，从上市之初的 6 亿美元直指 18 亿美元，短短半年时间翻了两倍。在各路投资者大呼看不懂时，雷军、老虎基金已从中赚得盆满钵满。到底是什么原因使得这家公司能在美股上市后第一季度就交出如此令人惊讶的股票成长成绩单呢？

　　这家以小浣熊为吉祥物的公司成立于 2005 年，名为欢聚时代，因 YY 语音而为人所知，现拥有 5 亿注册用户，月活跃用户达 7 500 万。作为全球首个富集通信业务运营商，欢聚时代为企业和个人提供即时的语音服务与社交平台。

　　由于带宽的不断升级以及技术创新，YY 使得人们可以从任何移动终端通过 YY 实现即时通信。网络电话、跨地域网络会议、产品路演只需一个应用安装便可以实现。截至 2012 年，YY 的语音通话时间已经超过 Skype，位列全球第一。

单纯的语音即时通信当然不可能使这只来自中国的小浣熊后来居上，YY 的强大之处在于为各类草根族提供了一条为人所知的低成本路径，通过将海量的内容提供商与内容消费者连接在一起实现盈利。

在 YY 上任何人都可以开启自己的直播间，直播诸如个人演唱会、在线语音聊天、股市点评、在线教育、股东会等各种内容。任何人也都可以自由地进入直播间观看直播。趋近于零的启动成本使得许多草根族轻而易举地在 YY 上经营起自己的直播间来。而海量的直播内容也吸引着越来越多的用户登录 YY 收看各种直播。

YY 就是通过整合内容提供商和用户资源支撑其互联网增值业务和广告业务来获得收益。以互联网增值业务中的 YY 音乐为例，个人演唱会的直播者可以通过在 YY 打榜来提升自己的知名度和点击率。YY 平台有近 20 万个人演唱者，要使自己的直播间脱颖而出最为直接的办法就是购买 YY 主页上的展位，吸引观众进自己的直播间。观众可以点击客户端上的各种标签，通过送花、送礼物等各种方式来支持自己喜欢的直播者，当然这些虚拟的花和礼物并非免费。有些很受欢迎的个人直播间里通常会有超过 2 万人同时收看，要想看到直播画面常常需要排位，如果不想排位，可以选择进入贵宾席，当然入席也并非免费。除此之外，忠实粉丝若想在海量观众的刷屏中让直播者看到自己或回答自己提出的一些问题，则需要竞拍席位。

YY 就像语音产品领域的淘宝，通过不断扩大其主播和观众的数量来提升其盈利能力。它不同于优酷、爱奇艺等视频网站，不负责提供内容；它也不同于唯品会，不负责产品销售。它只是个平台，依靠平台培养的海量用户资源来盈利。

对 YY 来说，其盈利模式虽然根源于其语音即时通信技术，但更重要的是，它设计了一种机制，建构了一个展示平台，使具备各种技能的利益相关者，可以通过这个平台展现其资源能力优势。每个利益相关者赚取的是它自身资源能力所带来的市场估价，而 YY 赚取的却是整体利益相关者的海量规模。经过不断积累，利益相关者规模最终成为 YY 盈利模式的关键资源能力。

定义：收支来源之资源能力

资源能力作为影响企业收支来源的重要因素，企业若能不断发展与其商业模式相匹配的关键资源能力，企业的盈利能力就会更强。

要想建立起效用最大化的盈利模式，除了定价方式以外，我们还需要了解和分析企业基于什么资源能力，通过怎样的方式获得利润、支出成本，这就是本章所讨论的收支来源中的资源能力。

资源指企业所控制的，能够使企业构思和设计好的战略得到实施，从而来提高企业经营效果和效率的特性，包括全部的财产、能力、竞争力、组织程序、企业特性、数据、信息、知识等。

企业的资源主要有：

- 金融资源，来自各利益相关者的货币资源或可交换为货币的资源，如权益所有者、债券持有者、银行的金融资产等。

- 实物资源，包括实物技术（如企业的计算机软硬件技术）、厂房设备、地理位置等。

- 人力资源，企业中的训练、经验、判断能力、智力、关系以及管理人员和员工的洞察力、专业技能和知识、交流和相互影响的能力、动机等。

- 信息，丰富的相关产品信息、系统和软件、专业知识、深厚的市场渠道，通过此渠道可以获取有价值的需求供应变化的信息等。

- 无形资源，技术、商誉、文化、品牌、知识产权、专利。
- 客户关系，客户中的威信、客户接触面和接触途径、能与客户互动、参与客户需求的产生、忠实的用户群。
- 公司网络，公司拥有的广泛的关系网络。
- 战略不动产，相对于后来者或位置靠后些的竞争者来说，战略不动产能够使公司进入新市场时获得成本优势，以便更快增长，如已有的设备规模、方便进入相关业务的位置、在行业价值链中的优势地位、拥有信息门户网络或服务的介入等。

能力，是指企业协作和利用其他资源能力的内部特性，它也是由一系列活动构成的。能力可以出现在特定的业务活动中，也可能与特定技术或产品设计相联系，或者存在于管理价值链各要素的联系或协调这些活动的能力之中。这里需要强调的是，特殊能力与核心能力等术语的价值在于它们聚焦于竞争优势这个问题，关注的并不是每个公司的能力，而是它与其他公司相比之下的能力。

企业的能力主要划分为：

- 组织能力，指公司承担特定业务活动的能力。正式报告结构、正式或非正式的计划、控制以及协调系统、文化和声誉、员工或内部群体之间的非正式关系、企业与环境的非正式关系等都属于此类。
- 物资能力，包括原材料供应、零部件制造、部件组装和测试、产品制造、仓储、分销、配送等能力。
- 交易能力，包括订单处理、发货管理、流程控制、库存管理、预测、投诉处理、采购管理、付款处理、收款管理等。
- 知识能力，如产品设计和开发能力、品牌建设和管理能力、顾客需求引导能力、市场信息的获取和处理能力等。

- 机会发现与识别的能力，对环境和机会的敏感性和感知能力、正确判断该机会的性质的能力等。

焦点企业通过所拥有的资源能力开展业务获得盈利。在此基础上，企业还可以通过发展和提升与其商业模式相匹配的关键资源能力，为自身和社会创造更多福利。

关键资源能力指让商业模式运转所需要的相对重要的资源和能力。企业内的各种资源能力的地位并不是均等的，不同商业模式能够顺利运行所需要的资源能力也各不相同。

关键资源能力不同于核心竞争力，它是基于商业模式而言的，强调资源能力与模式相匹配，它并非一定是企业所拥有的，而是企业所需要的；核心竞争力则是相较于同行业其他企业而言的，强调资源能力的优势所在。

商业模式中关键资源能力的确定方法有两类。

第一类是根据商业模式的其他要素的要求确定。例如，不同业务系统需要的关键资源能力是不相同的，不同盈利模式需要的关键资源能力也不一样。

公案：戴尔背后的资源能力支撑

戴尔作为世界知名的跨国公司，其在中国的运营成本只占总收入的9%，而其他跨国公司该项指标为 20% ～ 22%。戴尔低成本的原因归功于其拥有的三项资源能力。

一是戴尔拥有强大的大客户筛选和获取能力

行业客户销售是戴尔的主要销售通路。根据统计，戴尔全球营业额的80% 以上来自行业和重要大客户。

行业和重要客户对于戴尔公司具有重要的意义，其80% 以上的营业收入来自于此；经过短短几年的发展，戴尔在中国大企业市场的份额是20%，政府市场是8%，教育市场是1%～2%。

全球500强企业中，超过400家是戴尔的客户，壳牌平均每周从戴尔定购1 000台PC。戴尔专门成立了一个六人的服务团队为通用电气公司使用的14万台戴尔电脑提供服务支持。据IDG调查显示，商用市场占戴尔总销量的70%以上，25%左右卖到中小企业，家用市场在5%左右。

在争取订单的过程中，戴尔可以采用一次签订合同、根据合同履行日采用浮动价格的形式来执行等方式灵活满足客户的需求。戴尔为每一个重要客户建立了一套跟踪分析体系，能够及时预测客户的系统升级等需求。

戴尔的销售人员分为外部销售人员和内部销售人员。其中外部销售人员是大客户筛选和获取的核心力量。

外部销售人员根据行业等因素划分会盯住不同的客户，维系客户关系，捕获客户的潜在需求。

内部销售人员利用各种渠道搜寻潜在行业/重要客户的通信方式，以电话销售的形式进行客户初次沟通，在确定其意向后会将客户资料递交其所属的外部销售人员，每天每个内部销售人员平均拨打100～200个电话。客户服务中心（Call Center）是戴尔销售的另一重要渠道，通过其在各种媒体的大量广告轰炸，再辅助以内部销售人员每天100～200次/人的电话销售。

内部销售人员有时还会接听一些客户主动打来的需求电话，在初步确认客户需求并作以判断后，会将有效需求转给外部销售人员处理。

戴尔崇尚"能人"文化，其员工在享受着高薪的同时承受着巨大的工作压力；员工的收入和绩效密切挂钩。戴尔销售人员有50%左右的流动率，但是工作效率是惊人的：在巅峰期，戴尔在中国内地的年营业收入超过 200 亿元，销售人员的平均劳动生产率约为 2 000 万／人／年。

戴尔的外部销售人员多为从著名 IT 厂商挖来的具有丰富销售经验的行业精英，每个外部销售人员的季度任务为 100 万美元，若连续两个季度没有完成任务就会走人。

戴尔的内部销售人员（客户服务中心的电话销售）效率也极高，每天要完成 100～200 个电话沟通；10 个内部销售人员组成的团队一个季度的任务是 2 000 万～3 000 万元，平均每人每天要完成 2 万～3 万元的销售额。

二是戴尔建立了以其为领导的供应商体系

戴尔致力于与少数供应商合作，并努力使这种合作关系简单化；戴尔最大的 40 家供应商为其提供了约相当于总成本 75% 的物料；再加上另外 20 家供应商，60 家供应商可以满足 95% 的物料需求。

戴尔习惯采纳符合工业标准的东西，尽快把技术层面商业化，并通过供应链革命为客户提供较低的价格。其供应链的核心优势是拥有一套从下往上、从前往后、以客户为中心、高效运转的直接销售系统。用软件整合硬件、用客户资源来整合优秀的供应商是戴尔供应链管理的两大精髓。

通常外国公司在中国的运营成本是中国本土公司的两倍，本土 PC 企业的运营成本平均占总成本的 8.5%，而外国公司则在 20%～22%，戴尔在中国的运营成本是 9%，所以它敢提"本土价格、国际品牌"。

三是戴尔高效的生产和供应链管理能力

快速直销是戴尔的特有经营模式，其高效的生产制造体系为直销模式的实现奠定了基础。

戴尔通过电话、网络等接受订货，用管理系统核算，确认手头库存，然后按照数量要求向零部件厂商订货，必要的部件就被运到生产据点。每两小时进行一次这样的过程，工厂内的部件大体上每两小时就会追加一次。

戴尔各工厂平均库存维持在 4 天左右，根据工厂的不同甚至只有 2 小时的库存。而据戴尔透漏，其他对手的库存甚至有多达 45 天的。戴尔的成品物流进行外包，95% 的产品可以在 7 天内送达客户。

正是通过这三项资源能力的配合，戴尔才可以把成本控制在一个很低的程度。

第二类是以关键资源能力为核心构建整个商业模式。常见做法包括：以企业内的单个能力要素为中心，寻找、构造能与该能力要素相结合的其他利益相关者；或者对企业内部价值链上的能力要素进行有效整合，以创造更具竞争力的价值链产出。

公案：Goodwill 如何扩大资源能力循环

美国慈善机构 Goodwill 是世界上最成功的慈善组织之一。Goodwill 通过慈善名义向社会募集闲置的物品，再根据不同的产品性质通过 Goodwill outlet、Goodwill 超市以及拍卖网站等各渠道将物品变现并将获得的收入为残障人士、失业者、新移民等兴办各种类型的福利工厂、职业培训机构和就业安置场所。

具体而言，Goodwill 的核心部门是慈善超市，其核心流程有三个：物资接收、物品处理、物品销售。

首先是物资接收。Goodwill 的慈善超市遍布全美，这很好地解决了经常性捐赠的很多问题。在经常性捐赠中，物资的整理、清洗、维修装配、包装、储藏、运输以及发放等都需要场地开支和人员开支。慈善超市承担了这些职能，成为接受经常性捐赠物资的场所。捐赠物资的居民可以获得免税发票，或者获得在超市购买物品的积分。一家慈善超市每年的正常收入可以在 2 000 万美元以上。

其次是物品处理。捐赠物资通过洗涤、整理、修配、包装、估价等一条龙作业后，上架销售，非常专业化。职员一般需要接受商业管理培训，并有一个实习期，然后才能获得全薪工作。慈善超市采取"前店后场"的模式，可以吸收很多下岗人员和残疾人就业。每年可以吸收超过 6 万人的就业。Goodwill 会为他们培训技能并提供就业服务，除了慈善超市外，Goodwill 还介绍他们到其他合作机构合作。Goodwill 每年收益的 83% 就用于对下岗人员和残障人士的就业教育和培训服务上。有数据表明，在工作日中，平均每 56 秒钟 Goodwill 就可以帮助一个人安置工作。

最后是物品销售。Goodwill 接收来的物品通过市场销售，一些手头并不宽裕的居民可以获得相对廉价的物品。比如正常买一台新电脑需要 500～600 美元，而在"慈善商店"经过维修或重新装配的电脑一般也就 200 美元左右，而一些普通西装等衣物则更便宜，有的仅 1 美元。

为了支撑其盈利模式，Goodwill 成立了 3 000 多个捐赠站（Goodwill Donation Location），并特许经营了 2 000 多家零售店（Goodwill Retail Store，即上文提到的慈善超市）。此外，Goodwill 还积极与其他机构合作。和 Goodwill 合作的机构有美国银行、美国海陆空三军、ADT 安全服务公司、通用汽车、百力通、CVS 制药业等。这些机构能够为 Goodwill 提供很多工作岗位，例如为美国空军基地除草。这些机构通过和 Goodwill 的合作，可以提升其社会形象。Goodwill 也可以通过合作，不断扩大其社会影响力和慈善号召力，增强 Goodwill 慈善商业模式所需的关键资源能力，再以此资源能力反哺慈善事业，实现良性互动，生生不息（见图 2-1）。

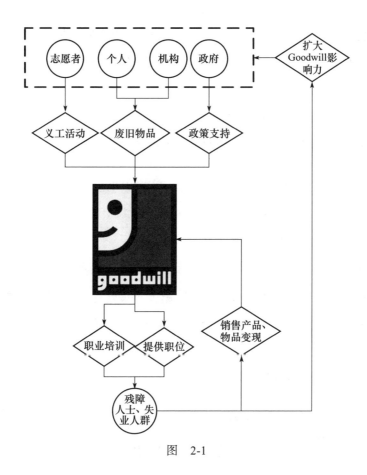

图　2-1

资源互补，形成借势

商业模式是利益相关者的交易结构，也是其相互之间资源能力的重新配置。交易之所以发生，就在于相互之间资源能力的互补。

以 UT 斯达康引入小灵通为例，当时之所以选取电信作为合作方，就是因为电信没有无线，对小灵通的需求最迫切。这一基于自有关键资源能力的匹配，使得 UT 斯达康连续 17 个季度盈利超过华尔街分析师预期，成就了一段 IT 神话。当然，对于这种资源能力的互补，要考虑到具体的环境变化。电信获得无线牌照之后，小灵通瞬间变成鸡肋，而 UT 斯达康也没有及时对其资源能力以及盈利模式进行升级，自然在电信的设备供应商体系中被逐渐边缘化。

UPS（美国联合包裹输送服务公司）与银行关于中小企业客户的合作也是基于关键资源能力优势互补的一个经典案例。

公案：UPS 与银行强强联合，解决中小企业融资难题

UPS 为其中小企业客户提供融资中介服务基于其掌握了各中小企业货物流转的数据资源和数据处理能力。

UPS 通过提供物流服务获取客户企业运营状况的相关信息，并以此为基础代表所服务的中小企业向银行进行融资申请并以 UPS 作为信用担保。

银行将贷款发放给 UPS，UPS 再将款项贷给有需要的企业客户，并通过提供物流服务的方式对企业客户经营状况进行实时把控，从而很好地控制住了贷款的违约风险（见图 2-2）。

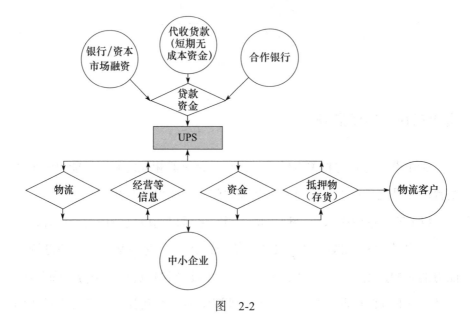

图　2-2

　　这种供应链金融的要诀在于 UPS 比银行更高明的风险管理能力。在与中小企业交易的过程中，UPS 在交易前了解客户经营状况的内部信息；在交易中能控制客户的抵押物；由于深刻理解各种货物的买卖双方，即使违约，在交易后也能够方便变现抵押货物。有此三点，UPS 可以比银行节约几个点的风险成本。

　　银行拥有客户，UPS 拥有风险管理能力，这就是资源能力互补所带来的机会。

　　对很多创业公司而言，寻找到大规模的客户池，形成合作，本身也是很重要的商业思维。瑞卡租车善于嫁接 7 天酒店已有门店资源，获得企业飞速发展的第一级动力。

公案：瑞卡租车寄生于 7 天酒店，低成本扩张

　　2009 年，7 天酒店 CEO 郑南雁创办了瑞卡租车，不到两年时间，就获得了红杉资本和富达投资上亿元的风险投资，可谓发展迅猛。其关键就是和 7 天酒店形成资源互补。

　　瑞卡租车的门店几乎全部设立在 7 天酒店的大堂，停车场也在酒店附近。这大大降低了门店的成本，还方便接触客源。房客通过 7 天酒店官网预订酒店的同时也可以办理租车手续，非常方便。数据表明，酒店房客和自驾游租车客重合度很高。截至 2013 年 9 月，7 天酒店已经超过 1 800 家门店，自称有 7 000 万会员，拥有全中国酒店业规模最大的会员体系，足以为瑞卡租车带来源源不断的客源。

　　为了降低成本，瑞卡租车还做了两方面设置：第一，公司采购的车型比较集中，只有四五种车型，都是经济适用、容易操作的中端车型；第二，公司以 7 天酒店为中心，覆盖酒店周边用户，但只针对个人自驾业务，不提供异地还车和上门送车，顾客只能到门店取车。

通过这些举措，瑞卡的租车价格为每天 79 ~ 217 元，可以比竞争对手平均便宜 20 元以上，实现了其"经济型连锁租车"的定位。

商业模式思维的核心在于借势而非造势，不管是 UPS 与银行的供应链金融互动，还是瑞卡借助 7 天酒店成长，都很好地运用了"资源互补，形成借势"的盈利模式原理。

获取资源能力的两种方式

不同的企业对资源能力的获取方式不同，可以分为"外部获取"和"内部积累"两种。对不同的企业而言，这两种资源能力的获取方式都有可能取得成功。

公案：温州宏丰，通过外部获取资源

温州宏丰电工股份有限公司，是一家创业板上市公司，其盈利模式设计的关键资源，来自外部的合作。

温州宏丰的主营业务是为低压电器生产商提供"电接触复合材料"，其中正泰电器一家就贡献了一半以上的收入。

"电接触复合材料"在低压电器中至关重要，能够进入大型低压电器生产商的供应链绝非易事，需要经过一系列严格的技术、质量认证。当然，一旦形成合作，则基本属于长期锁定，其他竞争对手很难再进来。

温州宏丰利用其地缘优势（公司所在地浙江乐清号称"中国低压电器之都"），直接参与正泰电器等客户的产品研发，不但提供设计建议，还生产小批量产品，支持客户进行测试或运行，为客户缩短产品设计周期、降低成本做出了贡献。很快，温州宏丰与客户建立了长期稳定的采购合作关系。

温州宏丰的主要原材料是白银。众所周知，白银的价格波动很大，但温州宏丰并没有管理价格风险的有效工具或者规模。于是，再一次借助盈利模式设计，把风险转嫁给有能力管理风险的下游客户。

以正泰电器为例，公司采取"交货前一周白银均价"的方式结算。即公司将正泰电器的月计划分解为周计划，然后小批量采购白银，分批生产、定价和交付产品，使白银价格与产品销售形成动态的匹配互动。而正泰电器由于一方面可以通过议价能力向下游转移原材料价格风险，另一方面可以通过期货进行套期保值，对温州宏丰的定价模式并无异议。这种定价模式所获得的收入，占温州宏丰总收入的六成。

公案：Mint，通过内部积累客户数据

Mint.com，是一个帮助个人记账和理财的网站，在短短两年之间就发展了 200 万用户，获得超过 1 500 万美元的风险投资，并被 Intuit 以 1.7 亿美元收购，这与其巧妙地内部积累客户数据是分不开的。

与竞争对手相比，Mint 最大的特色就是操作简单。只要用电子邮件注册，添加希望被汇总分析的投资账户和银行卡的登录信息，整个过程不用 5 分钟就能搞定。之后的事情就可以交给 Mint 了。

Mint 的财务软件会每天更新用户的个人账户信息，自动汇总、归类所有开支，并精确地向用户展示资金支出的去向，例如房租、租车、衣服、食品等。Mint 还利用其平台数据挖掘能力，将用户的开销与同区域用户形成对比，告诉你，与同地区用户平均值相比你的花销处于什么水平。对投资账户，Mint 则会形成投资业绩动态图标，并与标普 500 等大盘指数对比。

这些对比并不是目的，也不是用户用 Mint 的最终目的。Mint 的过人之处在于它更加懂你，能够告诉你怎么生活更省钱，怎么投资更有效。

例如，它会根据你的消费行为，向你推荐积分更多或者还款利率更低的信用卡、更优惠的保险公司等；或者，你有一些闲置资金放着不动，Mint会推荐你购买高利率的银行理财产品；甚至，它会根据你的信用卡记录，推荐最适合你的信用卡，例如你在餐厅刷卡较多，它会推荐你使用可以在更多餐厅积分优惠的信用卡；对于贷款、按揭等，Mint也可以为你推荐最合适的方案。而且以上这些推荐方案，对用户来说，都是免费的。

当然，如果你采取这些推荐的服务，Mint可以从合作伙伴中获得一定的佣金。这种方式类似于比价网站，为用户带来实惠，为商家带来流量，皆大欢喜。

Mint宣称，每个用户在初次使用时，就可以平均节省1 000美元。

Mint拥有大数据挖掘和理财产品匹配的能力，但这种能力只有在客户数据足够大的时候才能发挥真正的威力。通过内部积累，Mint形成了坚定的客户群，为其商业模式迅猛发展奠定了基础。

资源能力获取方式背后的战略驱动力

资源能力是从外部获取还是内部积累，和企业自身的"战略驱动力"有关。

战略驱动力有三种：资源能力导向型、环境机会适应型和目标理念驱动型。

资源能力导向型指的是，量体裁衣。企业有多大的资源能力就干多大的事业，稳扎稳打，一步一个脚印地实现自己的战略。按照不同的资源能力可分为：产品驱动、技术驱动（英特尔）、生产能力驱动（富士康）、自然资源驱动（中石化、中石油）、配送方法驱动、组织能力驱动等。

环境机会适应型指的是，因时而动、顺势而为，强调对市场机会的快速把握和积极跟进。按照不同的环境机会可分为：用户驱动（小米手机）、市场驱动（房地产）、销售驱动等。

目标理念驱动型是指，企业提出一个奋斗目标，鼓励全体员工朝目标前进。按不同目标理念可分为：规模或增长驱动（索尼的愿景）、回报或利润驱动、战略意图或理念驱动。

主导战略驱动力不同，获取资源能力的主要方式也不同。一般而言，资源能力导向型企业倾向于内部积累资源能力；环境机会适应型企业倾向于向外部获取资源能力，而目标理念驱动型企业则是内部积累和外部获取并举。吉利收购沃尔沃的过程充分说明了这一点（见图 2-3）。

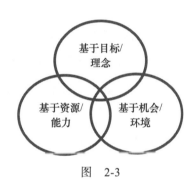

图　2-3

公案：吉利逆袭，迎娶沃尔沃

吉利集团是一家典型的环境机会适应型企业，这从其创始人李书福的个人奋斗史就可以看出来。

1982 年，不到 20 岁，李书福拿着向父亲要来的 120 块钱买了照相机到街上为路人拍照赚钱。半年后他发现照相这一行很挣钱，就自己租了个店面，开起了照相馆。

1984 年，看到冰箱零部件销路很好，跟别人合伙创办了黄岩县石曲冰箱配件厂，自任厂长。翌年生产电冰箱。1989 年，年产值超过 1 000 万元。

1993 年，摩托车风行沿海地区。在深圳大学进修的李书福找到一家濒临倒闭的国有摩托车厂，花钱"买"了一张摩托车生产许可证，造出了中国第一辆踏板摩托车。

1997年，亚洲金融危机后，国家启动拉动内需战略，汽车与房地产成为新消费热点。没有汽车生产许可证的李书福，得知四川德阳监狱下属的一个汽车厂有生产经营权后，立刻与其合资成立四川吉利波音汽车有限公司，这就是吉利汽车制造有限公司的前身。2001年11月，吉利成为中国首家获得轿车生产资格的民营企业。

…………

吉利收购沃尔沃过程中的资源整合痕迹也显而易见。吉利为并购案做的事情总结起来涉及三个方面。

第一，团队。以李书福为首，包括顾问公司的团队，吉利为并购案组织了200多人的全职运作团队，骨干人员中不乏业界巨擘：原华泰汽车总裁，曾主持过JEEP大切诺基、三菱欧蓝德、帕杰罗、奔驰E级和C级豪华轿车等七款车型的引进和国产化工作的童志远；原世界"500强"三甲之一BP（英国石油公司）的财务与内控高级顾问张芃；原菲亚特集团动力科技中国区总裁沈晖；国际并购专家，长期在BP伦敦总部负责重大并购项目的袁小林。

第二，并购经验。在沃尔沃之前，吉利已经成功操作了两起跨国并购案：2006年10月控股英国锰铜，2009年3月全资收购全球第二大的澳大利亚自动变速器公司。这两起并购案里面不乏供应商体系、技术知识产权的谈判，以及对吉利在资本运作、文化冲突方面的考量，为吉利提供了宝贵的并购经验。尤其是资本运作手法堪称经典："这两个项目并购都是直接用海外资金，用并购的资产做抵押向海外银行贷款，或者在海外资本市场发债、发股。"（李书福语）沃尔沃并购案和福特的博弈，吉利获得了沃尔沃9个系列产品、3个最新车型平台、2000多个全球网络、人才和品牌以及重要的供应商体系，斩获颇丰，而付出的代价却不大，之前的国际并购经验功不可没。

第三，政府的支持。为沃尔沃并购案建立的北京吉利万源国际投资有限公司注册资本为 81 亿元人民币中，吉利、大庆国资、上海嘉尔沃出资额分别为 41 亿、30 亿、10 亿元人民币，股权比例分别为 51%、37% 和 12%，政府背景的资金支持达到一半，再加上国内各银行的贷款安排，以及获得了政府的巨大支持。

对吉利来说，这三个方面背后的资源能力几乎没多少是通过内部积累获得的。作为一个环境机会适应型企业，吉利选择了最恰当的资源能力获取方式——寻求外部资源整合，这是最适合吉利的资源能力获取方式，也是它多年来赖以成功的、最熟悉、最习惯的资源能力获取方式。

使用权比所有权更为重要

有一些资源能力虽然企业不具备，却可以通过别的方式去控制。拥有、控股、参股固然是一种方式，但采取一些巧妙的方式控制，有时候可以起到四两拨千斤的作用。

例如，在开连锁店涉及商业地产时，有些企业自买物业，有些企业签长租。但也可以独辟蹊径，由企业与业主签订租约，加盟店入住并向业主缴纳租金，即使店长退出，企业仍可以通过租约控制店面，保护销售额，降低了交易风险。这种企业做"二房东"的模式关键在于把店面的所有权、租赁权和经营权切割开，所有权属于业主，经营权交给店长，租赁权属于企业。这样，虽然没有物业，也不直接经营，企业仍然可以牢牢地控制终端。

艾格菲买猪场，不寻求所有权，与"二房东"模式相比，有异曲同工之妙。

公案：艾格菲买猪场，只收购生猪，不要猪场所有权

艾格菲是一家生产猪饲料的上市公司。上市后筹集一亿多美元资金收购猪场，但其收购方式却很有意思：养猪场的固定资产仍然属于原企业主所有，屠宰、销售也保留原有渠道。

艾格菲实质上只是承包猪场，负责技术和财务。它和猪场签订两个协议——"生猪收购协议"和"租赁协议"，买断了所有生猪的经营权。

这种操作方式不但降低了收购的成本支出，还大大降低收购过程的谈判难度。从 2007 年通过上市公司筹集资金收购猪场开始，两年时间，艾格菲就收购了 40 多家猪场，2009 年一年出栏 68 万头生猪，在当时猪肉一路飙升的大环境下，生猪销售收益超过 1 亿美元，占总收入比例超过六成。

收购这些养猪场，对艾格菲原有业务也起到了很好的支持。饲料厂商和养猪场一般都是直销的关系。被收购的猪场，本身就变成了艾格菲的一个巨大的客户。据《福布斯》公开数据显示，被收购猪场必须采用艾格菲的饲料，其饲料总购买量超过艾格菲饲料总产量的 40%。与此同时，艾格菲的销售费用占总收入的比例从 2006 年的 15% 一路下降到 2009 年的 2%。

对艾格菲而言，它要获取的并非猪场，而是其中的生猪经营权以及带来的饲料销售。换言之，对它的盈利模式设计而言，经营权本身比所有权更有价值。对很多拥有养猪场的企业主而言，所有权也更为敏感。不涉及所有权，不但艾格菲的收购成本降低，而且更容易获得养猪场企业主的支持，又不妨碍实现自己真正的经营目的，何乐而不为？

利用资源能力设计盈利模式

拥有了资源能力不代表就拥有了收入来源，它只是为企业获利提供了

一个依托，只有将资源能力与业务有效组合，特别是发展企业商业模式所需要的关键资源能力来促进商业模式的高效运转，才能使企业从中获利。

公案：汇付天下，从机票销售支付到基金销售支付

汇付天下作为第一批获得互联网支付牌照的公司，通过根植于航空票务服务不断积累其品牌信誉和渠道影响力。

它以提供航空票务结算平台起家，占据航空票务近 50% 的市场份额，机票业务占其总支付结算的 70%。现已涉及互联网支付、电商平台支付系统、POS 机解决方案、产业链与实务贸易资金结算等业务。这些业务全部围绕其第三方支付牌照这一稀缺性资源展开。

2010 年交易量超过 1 000 亿元，五年复合增长率超过 600%，汇付天下的业绩为什么这么好？原来是它提升了机票销售代理商的资金效率。

机票销售代理商的核心痛点在于现金流积压。国内的机票销售是层层代理。一级代理商通过担保公司向航空公司赊账拿机票，要等到下一级代理商汇款后才能给航空公司付钱，这就形成了现金流空档期。航空公司现金流因此大受影响，出票量很受制约。

汇付天下的模式很好地解决了这个问题：在一级代理商下单后，先帮它们垫付票款，同时向航空公司收取佣金。三天左右时间，代理商资金回笼，即可通过网络平台收回垫款。这样一来，汇付天下就提高了一级代理商的资金周转次数（从 15 ~ 20 次 / 年，提高到 80 ~ 100 次 / 年），也增加了航空公司的回款速度和出票量。

在风险管理上，汇付天下也有所取舍。国内机票销售市场良莠不齐，汇付天下只选择与规模前 10% 的机票代理商合作，至今未发生任何一笔坏账。

除此之外，汇付天下还寻求与基金公司合作，搭建基金认购平台，从

而从基金公司获取渠道销售佣金。与此同时，汇付天下基于长期为中小微企业提供支付结算服务和终端的客户资源及企业账户管理的数据资源，开始涉足中小微企业贷款领域。通过提供真实可靠的中小微企业运营信息和账户信息，向银行提供放贷参考，再从中收取部分佣金。

随着金融创新概念被一次次地提出，汇付天下优良的互联网支付资质以及良好的业界口碑都使得它成为基金公司拓宽销售渠道的首选合作支付公司。

汇付天下已与国内 46 家基金公司建立了合作关系，推出网络支付平台"天天盈"，在其官网上发售 800 余只基金产品。基金投资者只要注册天天盈账户并充值，即可申购基金。申购费率为 0.6%，相当于银行申购基金费率（1.5%）的 40%。这种模式不但让基金公司直接面对投资者，而且不用支付银行从基金公司基金管理费中扣除的 30% 左右的"尾随佣金"，因此得到了基金公司的青睐，其投资者用户数也早已经超过 30 万。

正是基于其客户资源以及网络支付能力，汇付天下才能在金融网络化中分得一杯羹。

从汇付天下业务拓展历程不难看出，其发展始终围绕其第三方支付牌照这一资源展开，从最初的支付功能到金融网络化，再到基于结算的数据深挖掘信息服务，汇付天下通过不断拓展其业务而创造多样化的收入来源：从最开始的结算渠道费用，到终端销售收入，再到 POS 机整体解决方案服务费、基金销售佣金抽成，最后到中小微企业贷款佣金。

延伸设计：资源能力落差形成盈利模式设计源泉

基于所拥有或者控制的资源能力，企业可以开拓许多业务并对盈利模式进行设计而获取收益。对于业务的开拓也需要考虑交易价值、交易成本和交易风险。当某项业务的开展所创造的交易价值无法弥补此项业务所产生的交易成本及交易风险，那么对于该项业务的开展就需要进行更深一步的探讨和选择。

从本质上讲，不管是利益相关者，还是资源能力，都是可以切割的，如何通过切割后重组，形成可行的收入来源和成本支出，是盈利模式乃至商业模式能否成功、能否可持续发展的关键所在。

而从根本上，源于资源能力的盈利模式设计，其主要源泉来自不同利益相关者、不同地区、不同时点的资源能力落差。

公案：G2G 模式，小蜜蜂网帮助农民交易创意

高手在民间。在农村，有很多很有创意的人，他们设计出来的产品往往比大学实验室和科研机构的研究成果成本更低、效率更高、效果更好。但这些创意由于得不到有效的传播，经常会被湮没在人群中，这不管对于科研还是提出创意的人，不管是从技术演进还是社会价值方面来说，都无疑是一种巨大的浪费。

印度有一位古普塔教授，在 1988 年创立了一个公益组织——小蜜蜂网（Honeybee Network）。20 多年来，这个网站已经记录了十多万项发明创意。有一些发明绝对让你惊叹。例如，有个农民发明了一个爬树装置，能够帮助人不费劲地安全爬到树顶。后来这个发明被一个美国动物学家购买了，因为这可以让她捉到更多昆虫样本。还有个农民把压力锅加上蒸汽管和阀门，居然变成了咖啡机，可以煮特浓咖啡，只需花费几百卢比！

古普塔为小蜜蜂网设计了一种叫作 G2G 的模式，即从草根（grassroot）到全球（global）。

小蜜蜂网招募了很多志愿者会员，包括教授、科学家、个人研究爱好者、记者等个人会员，大学、公益组织等机构会员。每年举行两次大型活

动，每次为期一周，参加会员数大约在一两百名。这些会员步行走访村庄，收集农民发明的创意。这些收集起来的发明创意，都会按照一定格式存入小蜜蜂网的数据库，只要登录网站就可以查阅到这些信息。发明者的联系方式也会放在记录中，方便感兴趣的人联系。

小蜜蜂网帮助农民把发明创意商业化，使农民实现创富。一些好的创意，小蜜蜂网还会找科学家一起改进，以便更好地推向市场。此外，它还帮助农民申请专利或者撰写商业计划书。

例如，有位农民发明了一辆10马力的拖拉机，成本更低，而且操作很方便。而当时市场的主流拖拉机至少也是24马力，售价约5 000美元，很多农民作为个体无法承担。小蜜蜂网通过合作机构把这个发明授权给工厂生产、销售。发明者从中获得的发明授权费和销售佣金分成，接近3 000美元。

小蜜蜂网还在网站上支持发明者发问，就自己发明中遇到的问题向全世界的科学家、教授请教，以完善自己的发明。G2G，从草根到全球，从全球到草根，这种互动越来越高效，越来越频繁。

小蜜蜂网其实是一种公益组织的盈利模式设计，它主要抓住了G2G两边的资源能力落差。草根有创意，但缺乏高效的、有效的市场；反过来，全球有广阔的市场，在某些创意上却不如民间的高手。

抓住这种落差，盈利模式设计就有了发挥的根本。

第 3 章

固定、剩余和分成

———

引子：嘉兰图如何从固定收费转向分成收费

创立于 2000 年的嘉兰图从设计师数量上来说，已经是国内最大的工业设计师团队了，但是在设计项目的收费上，仍然采取固定收费的盈利模式：每个设计项目按照工作量、难度不同，收取几十万至上百万元的设计费。

固定收费是设计合作案的行规，已沿用多年。由于采取固定收费，面向市场的失败风险完全由客户承担，设计师避免了风险；但另一方面，设计费成为客户的成本支出，客户自然要千方百计压低成本。单一的定价模式使得工业设计市场竞争激烈，设计费一降再降，环境恶化。设计就算给产品带来很大的附加值，也无法充分体现在定价上。

嘉兰图一直在探索创新的盈利模式。2009 年，嘉兰图在它的新产品——老年手机上尝试了新的定价模式，初战告捷，不仅一举跳出了恶劣的项目价格竞争，更获得了大量的客户。

嘉兰图是怎么做到的呢？嘉兰图采用的是先设计出老年手机，申请专利，再把设计授权给需要它的客户，然后根据客户的生产量收取授权费用。这样，嘉兰图就和客户共同承担了设计失败的风险。设计的价值得到了充分的体现，客户支付的价格也有了可靠的计量。

那么，嘉兰图怎么能保证客户会告诉它准确的生产量呢？很简单，嘉兰图和客户有协议，老年手机某个关键生产原件必须通过嘉兰图来联系采购，因此嘉兰图能够可靠地掌握其生产量。

通过老年手机这一个项目，嘉兰图当年就收到近1 000万元的授权收入，相对原来几十万到百万元的项目收入增了十倍甚至更多。

为了支持盈利模式的转变，嘉兰图对内部的交易结构也做了一定的变革。嘉兰图针对每一个项目，成立6～8人的矩阵项目小组，成员包括来自创意、实现、评审、顾问等的团队。同时，在概念设计、结构设计等方面，嘉兰图均分别有十几个小组，既相互竞争又彼此合作。此外，嘉兰图还有十几个既懂设计又能较好与客户沟通、谈判的设计师，避免对一个人的依赖，使公司的设计团队更加可持续发展。在这种变革下，嘉兰图能够更为高效、高质量地提交设计方案。

嘉兰图从固定收费转向分成收费，打破了设计合作案的多年行规，实现了盈利模式的华丽转身。最近三年，利润复合增长率超过150%。

定义：固定、剩余和分成

嘉兰图的案例中，涉及固定、剩余、分成三种盈利模式。利益相关者之间的合作，如何划分合作的产出，基本都可以包括在这三种盈利模式当中。

对于一对利益相关者或者说一个合作体而言（合作体是指所有利益主体结合成的交易结构总和。比如，嘉兰图和购买它授权的客户），如果甲方的收益不受产出大小的影响，比如厂房出租者，那么我们就说甲方（厂房出租者）获得了固定收益。相反，如果甲方的收益受产出大小的影响（一般是产出越高，收益越高），比如工厂所有者，他的收益与产品的生产和销售有一定的比例关系（产品生产、销售越多，收益越大），那么我们就说甲方（工厂所有者）获得了剩余收益。以开篇的嘉兰图为例，原有盈利模式下，嘉兰图按照一个项目一个价位，获得固定收益，与设计案为厂商所带来的收益多寡无关；采用其设计的厂商则赚取产品销售的剩余收益，除了支付给嘉兰图的设计费，设计案所带来收益的剩余部分都归厂商所有。换言之，嘉兰图获得固定收益，而厂商获得剩余收益。

在一对合作中，一般存在三种情况，甲方拿固定收益，乙方拿剩余收益；甲方拿剩余收益，乙方拿固定收益；甲方、乙方都拿剩余收益。第三种情况，甲方、乙方都拿剩余收益，我们称为甲方、乙方都拿了分成收益。比如嘉兰图的新盈利模式，厂商每生产一个产品，嘉兰图收到一笔授权费，相当于两者以某种比例划分了产品销售的收益。

同一个企业，跟不同的利益相关者，可以采取不同的盈利模式。

公案：HomeAway 针对不同利益相关者设计固定、分成模式

HomeAway 是全球最大的假日房屋租赁在线平台。2005 年在美国正式运营，2011 年 6 月在纳斯达克上市，市值高达 32 亿美元，市盈率 180 倍。HomeAway 在全球 145 个国家有 56 万多个房源可供游客选择。屋主注册后，上传房屋资料（如房产证），经过审核，再交 300 美元的"房屋信息展示费"，就可以在网站上展示一年。而租客通过 HomeAway 看好房源后，可以直接与房东进行电邮和电话联系，进行交易。这 300 美元的"房屋信息展示费"占了 HomeAway2010 年收入的 91%。此外，第三方服务可以通过 HomeAway 网站，向游客销售注入旅游保险、房屋损坏保险等服务，HomeAway 可以从中获得分成收益。

HomeAway 提供的是一个房屋展示的平台，相当于厂房，是个固定贡献，因此获得的是固定收益，也就是 300 美元一年的"房屋信息展示费"。而房东在缴纳了展示费后，和租客协商租金，这部分收入完全归房东，因此房东就获得了剩余收益。

而 HomeAway 和第三方服务的盈利模式设计，正如嘉兰图的新模式一样，它们共同划分了商户采用服务的收益，也共同承担了无人采用该服务的风险，双方均获得分成收益。

什么情况下采取固定模式，什么情况下采取分成模式，受到很多因素的影响：贡献性质、投入意愿、交易价值、交易成本、交易风险等。

固定贡献和可变贡献

按照投入量大小是否影响产出，我们可以把投入分成固定贡献和可变贡献两类。如果投入量多，其产出就多，这是可变贡献，否则，是固定贡献。对一个工厂来说，厂房就是固定贡献，而原材料、人员、技术等则是可变贡献。固定贡献自然一般就收取固定收益，比如厂房所有者收取固定的厂房租金，不涉及从厂房生产出来的产品收益。

如果是可变贡献，我们还要考察利益主体的投入意愿，看其投入量是否受利益主体的意愿所影响。回到工厂的例子，原材料的投入一般不受利益主体的意愿影响，只要工艺没有改变，原材料投入与产出的比例就是固定的，并不受利益主体（如操作人员）的意愿影响。这一类的贡献也应该获得固定收益，就好像我卖出多少原材料给工厂就收多少钱，不考虑生产出来的产品的收益。而人员、技术等受到利益主体意愿的影响，就比较复杂了。举个例子，如果这个工人是个技术能手，他可能偏向于按照他一

天能完成的产品量计算工资，如果这个工人水平一般，他可能只要固定
工资就满足了。可见这一部分贡献产生的收益如何定价还需要考虑其他
因素。

到目前为止，我们可以总结出以下的逻辑结构（见图 3-1）。

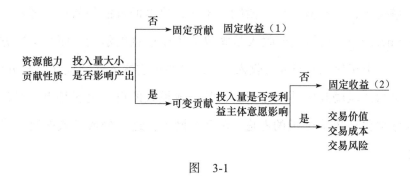

图　3-1

接下来，我们分别讨论交易价值、交易成本与交易风险。

交易价值：谁能为合作体创造更大价值

交易价值即合作体产生的价值。这一价值的产生，是以利益相关者的
交易活动为基础的，也就是说，单独一方往往难以产生这一价值。交易价
值的产生也与前面提到的资源能力的投入相关：一方面，好的交易结构往
往能最大化交易价值，即利益相关者投入产生的协同效应；另一方面，好
的盈利模式往往能激励利益相关者尽力最大化交易价值。

一般来说，获得剩余部分的利益相关者会尽自身最大的力量来增加交
易价值（其收益与产出相关，产出越多，收益越大），而获得固定的一方
则有可能只贡献一部分力量。以嘉兰图为例，在固定模式下，嘉兰图只
收一次固定的项目费，产品能够销售多少与它的收益并无关联；而采取
分成模式后，嘉兰图要获得后期的一系列授权费，就需要产品热销，产品

越是热销，嘉兰图的收益越大。这两种不同的盈利模式，显然对嘉兰图的激励力度是不同的。当然，前提是嘉兰图的努力程度，能够影响产品是否热销。

分成模式下，激励程度也和分成比例有关。如果分成比例过低，则只是搭便车，对利益主体的激励并不大，更多的可能是从风险考虑。比如 HomeAway，它的主要收入是固定的房屋信息展示费，而与第三方的分成上，由于比例较低（占收入 9%），只要把它嵌入网站就能坐收分成，对其努力的激励其实并不是很高，其分成模式的设计更多是出于对第三方服务提供商风险分担的考虑（在互联网上，这种分成模式的交易成本极低）。

公案：工资的不同盈利模式设计

前面我们提到，当合作的多个利益主体投入的资源能力均为受影响的可变贡献时，采用哪种定价方式需要考虑的因素之一就是交易价值。最直观的例子就是工资。我们可以把工资看作员工和企业之间的一种收支方式（盈利模式）。

以富士康为例，富士康把代工的产品交给苹果才能实现交易价值，所以我们把其活动分为订单、采购、生产三个环节。在这三个环节中，富士康公司本身拥有获取订单的资源能力、采购原材料等的议价能力，而员工主要是负责生产环节。富士康所占环节较多，且企业可以决定其能力的使用。就生产环节而言，由于富士康生产技术含量低，员工培训成本低，员工供应充足，因此两方博弈的结果是工人拿固定收益（按时间），富士康拿剩余收益。

如果我们看富士康的管理人员，那又是另一种情况。富士康获取订单的能力和采购议价的能力受到这类员工的贡献影响，公司管理的效率需要这类员工的投入，因此博弈的结果是这类员工会拿剩余收益或者分成收益。这也是为什么相对流水线工人，这些管理者往往有期权、分红等收入的原因。

不只是工资的盈利模式设计，其实对很多企业而言，内部存在多个活动环节和多个部门，它们之间如何设计彼此间的盈利模式也很重要。稻盛和夫被称为日本"经营四圣"之一，其阿米巴模式闻名遐迩，其中很重要的一点就是创新了内部部门间交易的盈利模式。

公案：阿米巴变固定为分成，稻盛和夫创办两家世界"500 强"

稻盛和夫创立了两家企业，一家是京瓷，另外一家是 KDDI，均先后进入世界"500 强"。2009 年，稻盛和夫又在接近耄耋之年出手拯救日航，仅仅一年时间，就让日航起死回生、举世瞩目。稻盛和夫经营思想的精髓，在于阿米巴的设计和经营，其中很重要的一点，就是阿米巴与众不同的内部盈利模式设计。

传统内部盈利模式下，企业部门间交易时，一般采取固定的方式。打个比方，生产部门将产品交给销售部门销售，一般建立内部销售价，销售部门销售给客户时，在内部销售价之上的部分即为销售部门的毛利润，即生产部门获得固定收益，而销售部门获得剩余收益。这种模式下，假定销售的决定性贡献来自销售部门，生产部门仅仅是配合销售部门而已。

稻盛和夫的阿米巴经营改变了这种模式，采取让生产部门与销售部门分成的模式。具体的操作是这样的：生产部门把产品交给销售部门销售，销售部门为产品定价，其售价的一定比例（例如 10%）即为销售部门的佣金。

打个比方，如果生产部门的生产成本为 70 元，销售部门和生产部门商定的销售佣金比例是 10%，最后销售部门确定售价为 100 元，则销售部门获得佣金 10 元，生产部门获得利润为 20 元（100-100×10%-70=20）。

这种模式下，生产部门和销售部门均获得分成收益，共创价值，共担风险。

换言之，销售定价是生产部门和销售部门共同定价的：佣金比例由两个部门内部商定，间接决定销售定价；最终定价由更了解市场的销售部门决定。这两个部门可以形成很好的互动：如果产品销售得不好，那么两个部门都会受到直接影响，这就会迫使两个部门坐下来一起讨论应对方案。即使是离市场稍微远一点的生产部门，也可以时刻掌握市场的波动。而在传统内部盈利模式下，生产部门只获得固定的价格，对市场的反应是滞后的。对于京瓷这种客户相对稳定、成本控制和质量控制导向的企业而言，这种及时响应无疑是非常重要的。

为了提高这种市场响应，充分拉动各个部门一起为企业创造价值，京瓷还设计了另外两招：

第一，打通外部市场。如果外部供应市场比内部质量更优、成本更低的话，可以向外部供应市场采购；同理，如果外部销售市场比内部条件更好、售价更高的话，可以向外部销售市场销售。相当于，每个部门对前后环节的供应与销售，都必须在开放市场的压力下生存和发展，这极大地锤炼了京瓷各个阿米巴的市场竞争力。

第二，单位时间核算。由于各个阿米巴都可以清晰地计算收入和成本，稻盛和夫进一步地核算到单位时间，每日公布核算结果，从而可以评判和调整内部各个不同阿米巴之间的竞争力，也使各个阿米巴都能时刻感受到内部相互竞争的压力、彼此激励的动力。

在以上的描述中，我们对阿米巴和部门并不做严格区分，因为在我们讨论的问题上，对它们是否区分并不影响结论。事实上，阿米巴是企业核算体系中最小的独立经营体，一般比部门小（通常为10人的小团队，归属于具体某个部门）。

依靠阿米巴经营和相应的内部盈利模式设计，稻盛和夫在他的经商生涯中取得了巨大的成功，他的经营哲学受到很多企业家的推崇，被尊称为日本"经营四圣"之一。

我们一再强调收入分配或者收支方式与资源能力的关系，如果两者不匹配，或者无法激励利益相关者尽力最大化交易价值，就会使企业陷入竞争劣势。

公案：主体激励与资源能力错位，CSPN 陷入困境

中国体育电视联播平台（CSPN），是由北京神舟天地影视传媒有限公司牵头成立，联合江苏、山东、辽宁、新疆、江西、内蒙古、湖北七省、自治区体育频道共同设立。CSPN 与这些地方台应该如何设计固定、剩余、分成的盈利模式呢？

我们把一个电视台的活动环节分为节目购买、节目制作、节目播放和广告运营四个环节。负责后三个环节的工作团队每个电视台都有，而 CSPN 的优势就是"团购"——整合各方财力购买节目，但是这一能力并不是 CSPN 独有的，CSPN 在其中也只是起了一个组织平台的作用。根据以上分析，CSPN 应该拿固定收益或者小比例分成收益，而地方台拿剩余和大比例分成。

然而实际情况是，CSPN 统一接受并安排广告投放，为地方台提供节目资源并且按照各种指标评估设定每年的分成费用，CSPN 拥有剩余收益索取权、节目版权和多次销售版权获利的权利；地方台则为 CSPN 提供制作队伍支持，差旅费由 CSPN 承担，但队伍的控制管理归地方台。

双方发挥的作用与其资源禀赋几乎完全相反，在节目购买、播放和广告招商上占劣势的 CSPN 工作起来自然是事倍功半，倍感吃力。在 2008 年异军突起后，CSPN 陷入了相当长一段时间的困境。

交易成本：如何解决信息不对称

交易可分成搜寻、讨价还价和执行三个过程。在这三个过程中，由于信息不对称和信息不完全，产生了交易成本。相对而言，获得剩余或者分成的利益相关者更有动力监督获得固定的一方是否尽力最大化交易价值，而这一监督的过程，就是获取和完善信息的过程。如果获取和完善信息的成本较小，比如获取固定的利益相关者同质化高，投入产出易于确定，那么采用交易前订立契约或者交易后有效监督的方法就能最小化交易成本。

以农业为例，在企业拥有充分资源，而农户供过于求时，每个农户为了得到这份工作都会努力耕作，其产出易于计量，此时采用工资制契约可以降低讨价还价和执行的交易成本，为最小化成本的方式。在企业拥有的资源，比如土地极其广阔时，监督成本就会上升。对于种植高手来说，拿固定的工资不利于激励其生产，同时又给了不认真种植者搭便车的机会。当企业与农户之间的这种信息不对称非常严重，监督成本甚至超过交易价值时，企业就会转向分成契约方式或者租赁制契约，以减小讨价还价和执行的成本。例如，租赁制契约让种植高手获得剩余收益，不但有利于鼓励最大化交易价值，同时也降低了企业的监督成本。

公案：商场的固定、剩余与分成

在逛一个综合商场的时候你一定会有以下经验，有的消费在柜台结算，有的消费则在收银台结算。因为商场与商户的盈利模式有三种：固定、剩余和分成。

首先是固定，即固定租金专柜，一般在柜台结算。商户在缴纳了固定的租金费用后，自负盈亏，商场并不需要了解其销售情况，因此监督成本很低。这类商户对商场的依赖性也并不是很强，获得剩余能更好激励其提升经营水平来吸引消费者，间接提升未来的租金水平，如商场中的餐饮店（见图 3-2）。

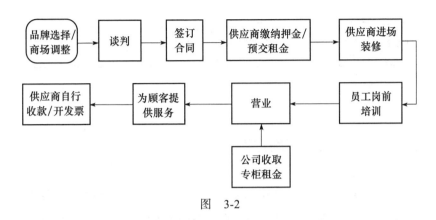

图　3-2

其次是剩余，即自营销售业务，则商场相当于零售商，从商户处购买产品后，再卖给消费者，赚取价差。这种往往是消费者需求较稳定的产品，商场通过长期合作稳定了进货价格，通过投入人员和管理获得这部分销售利润（见图 3-3）。

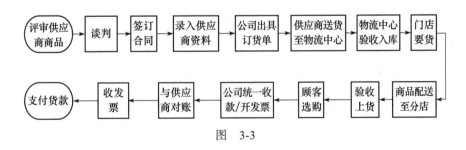

图　3-3

最后是合作销售专柜业务，一般在收银台结算。销售人员开单，客户到收银台缴费，销售情况向商场和商户公开，作为销售分成的依据，这一监督成本并不高。此外，商户对商场的聚集效应依赖性较强，但是这一效应难以计量成固定租金，因此采用分成的方式。这种分成本身也有分摊成本、风险的考虑因素（见图 3-4）。

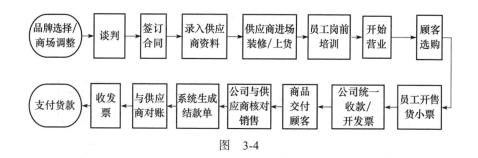

图　3-4

交易风险：如何管理不确定性

　　想要有交易价值，利益相关者必须进行投入，而其产出却是不一定的，这就是交易风险。比如之前讲到企业和农户之间的工资制契约方式，监督农民的监督成员很有可能和农户勾结起来欺骗企业，这就是一种风险。

　　交易风险受主观和客观两个方面的影响。

　　主观方面有两个主要部分，分别是个体的风险偏好程度和收益对个体的重要程度。个体对风险的偏好程度越高，收益对个体的重要程度越低，个体越能承受风险，也就会偏向需要承受风险较多的剩余和分成；反之，风险承受能力较低的一方就偏向固定收益。比如富士康的例子，流水线工人完全依赖工作获得收入，无法承受未来收入的不确定性，因此就更倾向拿固定工资。

　　客观方面有三个主要部分。首先是财务约束条件，也就是能否承担必要的投入，因此选择是否与他人分担投入，又或者以其他方式避免投入。比如大型现代化农业，对于基础建设的投入，企业往往选择与政府进行合作，以获得银行贷款或其他形式的资金。对于富士康的例子，由于企业和流水线工人的财务约束，都会倾向于较为固定的工资关系。

其次是抵御风险的技能。如果个体抵御风险的能力提高，那么相对于原来一样的财务条件，它也能选择更高风险的剩余或者分成。比如购买了高效率的财务控制软件，采取了合理的风险对冲策略，此时企业就会有动力选择更为激进的计价方式。

最后，如果彼此连抵御风险的技能都一样，就要考虑抵御风险的经济性了。比如养殖业，相对企业来说，养殖户采取措施来降低牲畜减产的危险更有效率，但如果此时养殖户拿的是固定收入，那么他就没必要采取这些措施了。此时，更合理的方式就是企业和养殖户签订承包合同或者分成合同。

公案：固定、分成花开两枝，HomeAway、Airbnb 同放异彩

HomeAway 收取一次性 300 美元的房屋展示费，然后就基本不用理会房东与租客的交易行为，交易成本非常低。

与它同为租赁网站之星的 Airbnb（爱彼迎）的交易则复杂得多。首先，房东在网上免费发布自己的房源信息，租客可以与之在网上进行讨价还价（就像阿里旺旺那样）。接着，当租户确定交易之后，Airbnb 以短信的形式公开双方的真实身份与联系信息，并且从租客处收取 1 美元以保证其信用卡可以使用。然后，当房东接受交易后，租金和佣金就会从租客的账户中扣除，但是要在租客入住 24 小时之后才打入房东的账户。在这段时间中，租客如果找不到钥匙和房东，都可以联系网站先不要转账。最后，房东和租客交易完成，Airbnb 向房东收取 3% 的佣金，向租客收取 6% ～ 12% 的佣金。

复杂的交易过程意味着较高的交易成本，然而 Airbnb 的发展却大有反超 HomeAway 之势。这是两家网站在对其房东和租客的性质进行分析后搭建了不同却均合适的交易方式。对于 HomeAway 来说，能支付一年

300 美元的房屋信息展示费的房东往往都是拥有专门用于出租的完整房屋，而接受这种出租屋的租客也是经济能力较好、寻求长期租赁的租客，彼此都是信用良好者，HomeAway 只起展示作用，而非第三方的监管作用。Airbnb 的房东往往出租的是廉价的或者短期的房产，甚至是家里的沙发和不用的帆船等，租客也多是短期而经济型的租客，此时有 Airbnb 这样一个第三方在中间进行交易，能够大大降低交易风险。由于 Airbnb 存在对房东和租客的重要性，且 Airbnb 变相分担了交易失败的风险，因此从房东和租客两方面收取佣金这一分成。

这种分成模式对有闲置房源的房东而言更容易接受，不需要承担交纳展示费且没有出租房屋的风险。这使 Airbnb 的业绩成长很快，2010 年交易量比前一年增长了八倍。按照月度计算，房屋预订量平均增长 40%！

由于租客需要提前预订，提前付钱，Airbnb 沉淀了大量的资金，而这部分在未来也有可能成为它设计金融模式的一个基础。

2011 年 6 月，Airbnb 的创始人向《福布斯》透露，网站可供出租的房源以每天新增 1 000 个的速度在增长，Airbnb 的未来成长空间仍然看不到天花板。

当然，对于交易风险，也可以通过盈利模式的设计来降低。Octone 的做法值得借鉴。

公案：分段配置风险，Octone 小唱片公司创造大奇迹

Octone 是一家只有 16 个员工的小型唱片公司。然而，根据《财富》杂志报道，这家小公司在不到 10 年时间，发布了 9 张专辑，其中 3 张获得白金唱片奖（销量达到 100 万张）。与动辄签约艺人达到数百位的著名唱片公司相比，Octone 的成绩可称为奇迹。

Octone 是怎么做到的？

要捧红一个乐队，无疑需要投入很多营销资源、资金等，风险极大，而且随着乐队知名度的提高，虽然收益更高，但是后续的资金投入更大。当然，由于此时乐队已经有一定知名度，风险也相对下降。

Octone 设计了两阶段的盈利模式：第一阶段由 Octone 主要操盘，在乐队还没出名的时候跟乐队签约，花钱为乐队做市场推广，当乐队成长具备一定知名度后（例如，唱片发行量超过 7.5 万张），就进入第二阶段；第二阶段，Octone 和大型唱片公司以各占 50% 的比例合资。成长期的乐队出让给合资公司，乐队的所有成本均由大型唱片公司承担，利润则按照合资比例五五分账。

对大型唱片公司而言，它们要承担全部乐队成本，却只能获得 50% 的利润，表面看并不合算，为什么还会选择与 Octone 合作？这里面的关键在于乐队的前期投入有巨大风险，大型唱片公司签约数百人，有可能最后成功者却寥寥无几。与 Octone 成立合资公司，获得的艺人都是有一定知名度的，安全边际较高，其收益更为保险。

对 Octone 而言，和大型唱片公司的合作降低了后续的大资金投入，而且大型唱片公司毕竟在营销资源、发行渠道等方面有更优质的资源。与其被动接受艺人跳槽，不如主动为他们安排出路。

事实上，Octone 类似于艺人的风险投资机构，大型唱片公司则类似于专注 Pre-IPO 的私募股权机构。把交易风险分阶段配置，Octone 和大型唱片公司各得其所。

固定、剩余和分成的决策矩阵

介绍了基于固定、剩余和分成的定价后，我们再来讲一下如何选择定价方案。正如我们之前提到的，固定贡献和不受利益主体投入意愿影响的可变贡献都应该拿固定，而受利益主体投入意愿影响的可变贡献需要考虑交易价值、交易成本和风险承受能力。在风险承受能力一定的情况下，主要取决于交易价值和交易成本。

我们以一个有甲方、乙方的合作体来说明。甲方、乙方本身的资源能力影响交易价值的大小，从而形成了初步的交易配置。不同的交易配置有着不同的交易成本，因此交易成本又会反过来对交易配置进行调整，形成最终的交易配置（见图 3-5）。

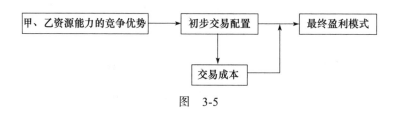

图 　3-5

首先我们来看初步交易配置。如果甲乙双方的资源能力都十分丰富且势均力敌，那么强强联合的初步交易配置倾向于分成。如果甲强乙弱，则初步交易配置倾向于甲拿剩余收益，乙拿固定收益；反之亦然。如果甲乙双方资源能力都十分弱小，则一般他们会倾向不合作（见图 3-6）。

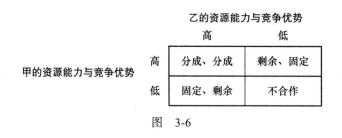

图 　3-6

接下来我们来看交易成本对初步交易配置的微调。比如之前讲到养殖户的例子，如果企业在养殖的其他环节具备竞争优势，而养殖户的养殖工作不具备竞争优势时，初步交易配置倾向于企业拿剩余收益，养殖户拿固定收益。然而，如果企业有大量的合作养殖户，对其工作进行监督的成本很高，那么为了降低这种交易成本，就会对初步交易配置进行调整，最终倾向"固定＋分成"：企业拿低额固定和高比例分成，养殖户拿高额固定收益和低比例分成收益。当然，如果之前的初步交易配置恰好是交易成本最低的情况，那么企业和养殖户就会维持原有的交易配置。

我们根据甲乙双方的资源能力分布和交易成本大小配置后得到如图 3-7 所示的决策矩阵。

甲竞争优势	乙竞争优势	甲方初步交易配置	乙方初步交易配置	交易成本	甲方最终交易配置	乙方最终交易配置
高	高	分成	分成	高	分成	分成
高	低	剩余	固定	高	低固定+高分成	高固定+低分成
低	高	固定	剩余	高	高固定+低分成	低固定+高分成
高	高	分成	分成	低	分成	分成
高	低	剩余	固定	低	剩余	固定
低	高	固定	剩余	低	固定	剩余

图　3-7

小结：固定、剩余和分成的灵活组合与变形

基于合作体的概念，我们介绍了基于固定、收入和分成的定价方式及其背后的逻辑。定价方式与合作体中利益主体的资源能力贡献有关，固定贡献和不受利益主体意愿影响的可变贡献往往获得固定收益，而受利益主体意愿影响的可变贡献则要考虑其他因素。这些因素包括交易价值、交易成本和风险承受能力以及其他因素。

在用这一方式确定计价方式时，我们首先在给定的风险承受能力下，根据合作体内利益主体的资源能力对交易价值的贡献进行初步交易配置，然后根据相应的交易成本对初步交易配置进行调整，达到最终交易配置。

　　固定、剩余和分成不是僵化的，而是有诸多的变形，比如变动的固定成本和保底成本等，同时对不同利益相关者甚至同一利益相关者也可以有不同的定价方式。

　　一个企业往往要和多方进行合作，不同合作方的性质也各不相同，因此很少有企业只采用单一的定价方式，而往往是多种定价方式的组合与变形。

公案：固定、剩余和分成的组合与变形

　　比如变动的固定收益。例如万达这样的商业地产商，在商圈培育阶段，地产商收取的租金较低，但随着广告的投入和品牌的彰显，地产商会逐渐提高租金。虽然此时商业地产商仍然只收取固定的租金，但是实际上已经从租金数额上分享了商圈繁荣的收益。这也就是为什么商业地产商会在广告上进行巨大投入，又邀请人气明星来商场做宣传活动的原因。

　　比如保底的分成。例如"中国好声音"的制作公司星灿制作，它与浙江电视台约定，如果收视率没有达到一定标准，则星灿制作把没有达到该收视率的损失赔给浙江电视台，如果收视率超过该标准，则双方按照一定的比例进行分成。

　　比如对不同利益相关者设计不同的定价。例如天虹商场针对固定租金专柜、自营销售和合作销售专柜分别收取固定、剩余和分成。

　　比如对同一利益相关者进行不同定价的叠加。深圳农产品交易市场就是一个成功的例子。在深圳农产品交易市场，一级批发商（连接供应方）销售农产品给二级批发商，二级批发商（连接需求方）销售农产品给其他客户。

　　深圳农产品市场的固定费用收入来自一级批发商的席位费、二级批发商的档位费和一级批发商每批农产品的进场费。同时，对每笔成功的交易，市场都收取 1.5% 的交易佣金，这是分成。

正如我们前面强调的一样，定价方式与资源能力是相匹配的。深圳农产品交易市场能够采取这么多种定价方式，离不开自身的资源能力：它建立了多个庞大的物流配送中心，并为公司旗下遍布全国的农批市场网络提供综合金融服务。在实体批发市场方面，它研发出集成了电脑、打印机、读卡器和磅秤等设备的交易一体机，和流动交易结算车、交易结算中心一起成为推动市场电子结算的"三驾马车"。在虚拟市场方面，定位易于标准化的大宗商品，致力于电子商务交易平台的构建和资源整合。

附录 3A：影响固定、剩余和分成的其他因素

影响合作体对固定、剩余、分成的盈利模式设计的因素，除了前文所列的，还有机会成本、贡献比例、现金流时序、对不确定性的管理等。

第一个是机会成本，如果某一个利益主体有市场垄断力量，机会成本较大，那么为了补偿这种机会成本，哪怕是固定贡献也可能采取剩余的方式来绑定其垄断性，以隔断其与竞争对手的合作，比如拥有杀手级专利的利益相关者。

第二个是资源能力在合作体总贡献中的比例，即贡献比例。如果占比高的话，该利益主体会要求较高的固定收益或者剩余收益，当固定收益实在太高，以至于对方如果支付就会破产时，对方此时往往会选择改为支付剩余收益。前些年，房地产开发的投资方一般都会要求合资，从项目的利润中获得分成收益。对房地产开发项目而言，资本属于固定贡献，但由于占比太大，要求获得剩余收益是正常的诉求。

第三个是现金流时序。一般来说，固定收益是当期一次性支付，而剩余则是延期或者分期支付，那么对于现金流紧张的利益主体，哪怕是应该

支付剩余收益的，也会选择固定收益。有些医药研发项目，虽然在后续推向市场可能会获得较高收益，但由于时间跨度大、周期长，有些研发小团队很难承担这段时间的现金流期限，更愿意直接卖给下个环节，虽然只是固定收益，但可以早日获得现金了结。对这些医药研发小团队而言，这是降低现金流风险的合理选择。

　　第四个是对不确定性的管理。比如，利益主体 A 给合作体带来的是固定贡献，但是对产出的估计或者对 A 贡献的大小存在较大分歧而 A 对自身贡献很有自信时，A 就可能选择收益更高但是风险更大的剩余，而合作体则减少了当期的支出，并为 A 的贡献买了保险。

第 4 章

进场费、过路费、停车费、油费、分享费

———

引子：一个淘宝，多种收费

淘宝网为消费者提供了海量的商品销售平台，更为许多个人创业者创造了梦寐以求的创业平台。在淘宝上只需实名认证便可实现自主开店。从发布商品到店铺装修再到发货管理，淘宝为店家提供了许多免费模板。对于开店新手，淘宝甚至提供免费的教学幻灯片来指导店家进行店铺设计和管理。

那淘宝是如何赚钱的呢？单就店家而言，淘宝在基础服务上还提供各种增值或者高级服务，并通过不同的收费方式来获取收益。

认证后的店家若想发布全新宝贝，需要交纳一笔保证金，作为新品发布的进场费，如若在经营期间出现违规现象，该笔保证金将被酌情扣除并会被要求及时进行补充，当店家结束经营时淘宝会将剩余的保证金归还给店家。

发布完宝贝之后，店家需要对店铺进行进一步的完善和美化。免费的基础模板大多非常简洁和单调。店家若想让自己的店铺美美的，以吸引更多的买家，就可以考虑购买炫丽的店铺装修模板或者配件。这些装修模板

和配件一般以月或者年计费。

店铺装修好后，为了推广自己的店铺或者商品，店家可以向淘宝购买广告位。广告位的收费大多以时长计算，广告位使用时间越长收费也就越高。

成功实现销售后店家进行收账和转账，当转账金额达到一定额度时，淘宝将向店家收取一定的手续费。

除此之外，淘宝还会组建各种商户联盟并不定期地发起特别活动，有兴趣的店家可以加入与自己相对应的联盟以分享基于联盟效应所带来的收益，当然联盟的加入也是需要交纳费用的。

对于一个淘宝平台来说，有针对一次性资格的进场费，有针对时间长短的店铺装修费、广告费，还有转账手续费、联盟加入费用等，真正做到了"一个业务、多元盈利"。

事实上，根据定价的标的不同，我们可以把盈利模式分为进场费、过路费、停车费、油费、分享费等。

定义：进场费、过路费、停车费、油费、分享费

进场费、过路费、停车费、油费、分享费，这五种盈利模式具有普适的应用意义（见图4-1）。以下是一些类似的范例。

进场费，顾名思义授予了消费者某种资格，通过支付进场费消费者获得了某种权利，如会员费、订阅费、自助餐费、一次性销售等。消费者通过支付会费获得参加某个活动或者享受某项服务的权利；订阅费更是如此，通过订阅某一数据库获得在规定时间内无限次使用该数据库的权利；而自助餐费就最为直白不过了，大家常说的"扶墙进、扶墙出"无非就是想充分利用这无限畅饮的机会，把付出去的餐费吃回来。

类别	计价方式	范　例
进场费	消费资格	会员费、订阅费、自助餐费、一次性销售
过路费	消费次数	搜索广告按点击数收费、健身卡按健身次数收费、投币洗衣机
停车费	消费时长	网络游戏按在线时长收费、手机通话按时长收费
油费	消费价值	按成本定价、网络游戏销售道具、计件定价
分享费	价值增值	加盟费、投资基金（包括一级市场、二级市场）、能源管理合同（EMC）

图　4-1

公案：招聘网站的差异化进场费

www.devex.com 是一家专注于国际发展领域的招聘网站（国际发展领域指的是旨在帮助发展中国家长期可持续发展的公司或者组织），从网站建立刚开始就实现盈利。这与它的进场费盈利模式有关。

大多数招聘网站采取的盈利模式是这样的：免费提供求职者与招聘企业之间的互动交流平台，形成一定人气之后，通过广告来盈利。

Devex 却对两类人群都收取会员费。

第一种会员费针对个人，每月 19 美元，可以发布求职信息，查询最新的工作机会、行业趋势、职业最新动态等，改进个人职业生涯。

第二种会员费针对中小企业，每月 125 美元。他们注册网站的目的是寻求中小型项目，或者从大型公司取得分包项目。网站提供这方面的中介联系服务。

第三种会员费针对大型企业，称为"高级会员"，年费最低为 2 万美元。高级会员可以进入专业人才数据库，并能查询几万个发展项目的合同中标情况和人员配置等信息。高级会员还可以申请包括个性化定制的研究和招聘帮助在内的整体解决方案，这种服务需要额外付出 10 万美元。这部分的收入达到 Devex 整体收入的 1/4。

为什么这些会员愿意付费？除了求职、招聘双方接触方便、交流便捷之外，网站上有超过 17 万名国际发展领域专业人士的数据库、超过 1.5 万家国际发展组织的目录清单和由主要捐赠机构出资成立的项目的丰富信息。这些都是吸引各方利益相关者付费的原因。

过路费则依据消费次数而定，消费的次数越多，收取的费用也就越多。如按点击数收费的搜索广告、按健身次数收费的健身卡以及投币洗衣机。

停车费是以消费时长为计算依据向消费者收取的一种费用。如最常见的话费就是按照消费时长来计费的，除此以外，按在线时长收费的网络游戏也是采用停车费这一计费方式。

油费则是根据其为消费者提供的价值多少来确定的。如按成本定价、网络游戏销售道具、计件定价都是向消费者收取油费的具体形式。

公案：海思科设计油费盈利模式，借助过剩产能发展

海思科于 2012 年年初上市，2012 年营业收入为 7.29 亿元，营业收入增长率为 36.7%，净利润达到 3.56 亿元，销售毛利率达到 73%，净利润率达到 48.8%，净资产收益率达到 21%。

海思科的主营业务为处方药新产品的创新仿制。有很多过期专利药品种已经在全球市场获得成功，但在中国国内尚未上市。海思科对这些专利药品种进行工艺及剂型攻关后，在国内申报新药并推向市场。

药品的研发成本和风险主要分布在前期的多期临床试验。由于在海思科创新仿制前，这些药品已经经过十几年的市场检验，作用机理、疗效、用药风险等都有大量数据支撑，海思科的研发风险大大降低。

海思科对这些药品采取生产外包的方式，充分利用医药生产企业过剩

的产能，帮它们提高盈利能力，大受后者欢迎。对海思科而言，也降低了对大量生产设施的投入。

海思科与这些生产企业的结算按照"油费"的盈利模式：双方先核算生产所需的原材料、辅助材料、包装材料等直接成本，在此基础上，海思科再支付一笔费用，以保证生产企业有合理的利润空间。通过这种方式，光 2010 年，海思科对"天台山制药"的采购额就达到 1.5 亿元。

另外，海思科有较强的药品销售网络。公司合作的医药销售公司超过 1 000 家，覆盖全国主要省市地区。

分享费要属这几种收费方式中最为新颖和高级的一种了，它以价值创造为基础向消费者收取费用。具体的实施案例有加盟费、能源管理合同（EMC）以及投资基金等，消费者通过支付分享费来分享某一项目实施后所创造出来的价值。

公案：7-11 通过换牌分享便利店收益

7-11 曾收编了很多社区夫妻店，这就是 7-11 有名的"业务转换加盟"计划。

按说，自己当老板，又自在又有成就感，加盟 7-11，要缴纳加盟费还不自由，社区夫妻店的店主应该不会考虑跟 7-11 合作才对。

为什么愿意合作呢？就因为在 7-11 的供应体系、后台系统一整套连锁经营体系支持下，这些夫妻店能够获得更高的盈利，同时也省却了采购、物流等一系列负担，何乐而不为？据一位美国的加盟夫妻店店主介绍："7-11 的标志刚刚竖起，店内的销售额就翻番了。之前，一个月的销售额为 7 万美元，而现在却达到了 16 万美元。"

7-11 主要获取的是分成的收益：总部将毛利额的 57% 分给 24 小时营业的分支店（16 小时营业的为 55%），其余为总部所得。商店开业 5 年后，根据经营的实际情况，还可按成绩增加 1% ～ 3%，对分支店实行奖励。在万一毛利达不到预订计划的情况下，分支店可以被保证得到一个最低限度的毛利额，保证其收入。

7-11 从"业务转换加盟"计划中获利颇多：在美国，短短五年间，就有 196 家零售店转型投身 7-11 大军，并且还有继续壮大的趋势。接下来，7-11 的目标是通过"业务转换加盟"计划新增的店面，达到新店增长构成的 60%。

介绍完这五种计价方式后，读者应该对基于不同计价方式的费用种类有了一个大致的了解。我们可以一起尝试对文章最开始的淘宝案例进行费用种类的匹配。新品发布保证金可以看作进场费的一种，它授予店家发布新品的权利，店铺装修模板作为订阅费的一种也可以归为进场费；广告位的购买费则是依据使用时长而进行计费的，属于停车费；基于转账金额大小的手续费则可以看作油费的一种；商家联盟的联盟费虽然名头是加盟费，但实际上商家通过支付这部分加盟费来获取来源于商家联盟所创造的价值，因此应将其归为分享费。

在这就比较容易混淆的几个收支方式进行一下说明。主要是关于固定时间段的进场费和停车费的区别。大家常常会有疑问，例如某种电子杂志每年的订阅费用是 20 元，这个算是进场费还是停车费呢？判别这个的标准就是费用是否随着消费时长的增长而增长。显然，订阅费并没有这样的特征（在这一年里，不管你在线看电子杂志的时间有多长，费用都是固定的 20 元），因此应该归为按消费资格计价的进场费。

任何事物都不是一成不变的，某一行业的收支方式也是如此。在不同的阶段同一行业会有也应该有不同的收支方式与之匹配。以电脑游戏行业为例，很久以前，电脑游戏还主要是单机版，靠售卖拷贝盈利，类似于进场费，只有买到授权的拷贝才能获得玩游戏的资格，为了防止简单的复制，游戏厂商会发布相应的序列号，只有拷贝加上序列号才有效，到现在这依然是微软操作系统的盈利模式；后来发展到按照玩的次数、时长收费，如石器时代、魔兽世界通过销售游戏点卡来获利；而史玉柱的《征途》则是通过采用销售道具，按价值收费的盈利模式。

从进场费到分享费：精确定价，价值提升

固定的进场费、按次数的过路费、按时间的停车费、按消费价值的油费以及按价值增值的分享费，定价越来越精确。这种越来越精确的定价，一般对应着交易价值的提升。

公案：通用电气、米其林从进场费到停车费

近年来，很多制造企业都纷纷转型，从原来的价差一次性销售变成服务多次性收费，虽然承担的成本提高了，但产生的新价值相应地也更高。

以通用电气（GE）为例，之前它的销售利润主要来源于一次性发动机销售收入和五年后的发动机维修费用。

对于一开始的发动机销售，由于一次性费用太高，GE 经常受到飞机制造商的压价，利润空间日趋缩小；而五年后大修的维修收入份额经常遭遇独立发动机维修商的抢夺，这些维修商不需要承担一次性生产投入的资金压力，但凭借维修经验蚕食 GE 的维修市场，实现轻资产运营。因此，GE 在发动机上的盈利被大大地限制住了。

面对此种困境，GE 对其商业模式进行了改造，首先兼并收购独立的发动机维修商，消除了有隐患的外部利益相关者。接着开始转换盈利模式，变一次性的"进场费"为按时间收费的"停车费"，也就是 PBTH

（Power-by-the Hour）包修服务。所谓包修服务，就是 GE 并不出售发动机，而只销售发动机的运行时间。在这段时间里，GE 保证发动机的正常运行，负责发动机、配件以及维修服务。

由此，飞机制造商的一次性支付门槛下降，压价程度自然下降，同时维修商对 GE 发动机维修市场的威胁得到了有效遏制，通过转变收支方式，GE 的两方面压力都得到了解决。

在 GE 的案例中，相较于进场费，无疑停车费的交易成本更高，但是它为 GE 带来的交易价值增量更大。这就是 GE 转变其收支方式的依据所在。

同样一台发动机，产生的价值可以是不同的。跟飞机制造商运行相比，通过 GE 来运行，能够运行的时间更长，保养的成本却更低，从而可持续产生的价值更高。新产生的价值，除了一部分跟飞机制造商共享，GE 还能有额外的盈利，自然有主动积极性选择重构商业模式。

米其林的车队整体解决方案收取停车费也是此种思路。

米其林根据大型车队的实际需求和业务水平，为其设计有针对性的轮胎管理方案，全面接管企业中与轮胎相关的一切事宜，最终实现轮胎资本利用的最大化。

立体的解决方案大大降低了企业在轮胎上的单位公里使用成本。关于米其林的轮胎服务，业界中有一句流传已久的名言："以新胎价格的 50% 购买米其林翻新胎，可以带来相当于新胎 90% 的使用寿命。"

由于米其林完全承担了与轮胎相关的业务，大型车队在更加专心于核心业务的同时，可以降低轮胎使用成本（包括降低燃油消耗），提高车队运营效率和车队运营安全。

米其林除了按照公里数、按月收取管理费，按照解决方案中"共享价值的条款"，还可以获得客户成本节约的一半。

轮胎消费者的需求在于轮胎的使用效能，只要能保证提供相同甚至更高的轮胎使用效能，消费者自然愿意转买为租。作为专业的轮胎制造厂商，米其林对轮胎的保养能力必然比零散的轮胎消费者要强，在米其林对胎压及轮胎相关性能的时时监控下，轮胎的性能及使用时间也会加长，较售卖轮胎收取过路费的方式，出租轮胎收取停车费的模式能为轮胎消费者和米其林创造更多的交易价值，且这一新增价值大大超过了收支方式转变所产生的交易成本。

对同一个项目，评估一项交易对客户的价值需要相应资源能力的支撑，越能精确地评估这些价值，企业能够攫取的交易价值就越高。无论是 GE 还是米其林，它们都拥有强大的客户价值评估能力。正是基于这样的资源能力，它们才能成功地获取更多的盈利。从前文的介绍我们不难发现，按价值增值定价的分享费、按消费价值定价的油费、按时长定价的停车费、按次数定价的过路费以及按一次性消费资格定价的进场费等评估方式在效果上越来越粗略，对企业的资源能力要求也越来越低。如果企业的资源能力足够强，就可以考虑采取按价值定价，如分享费、油费，这样产生的交易价值最大；反之，则要考虑其他的盈利模式。

从分享费到进场费：简单定价，成本节约

在进场费、过路费、停车费、油费、分享费中，交易成本最低的无疑是进场费。有很多原本采取后几种盈利模式的企业后来退化成第一种进场费，就有这样的考虑在内。

公案：涮涮锅从油费到进场费

以流行的涮涮锅为例，某些企业在发展初期曾经采用油费这一收支方式。涮涮锅通过类似于回转寿司里的流水转盘来供应食物，食客可以自主

地从流水转盘上取下自己喜欢的食物，不同颜色的碟子代表不同价格的菜品。结账时，服务员盘点每位食客的消费量来计算费用。

这种盈利模式需要大量的人力成本来进行消费量计算，相对定位于大众消费、客单价不高的涮涮锅来说有些不太适用。

为了降低交易成本，这些涮涮锅企业转而采用自助餐模式，将盈利模式由收取油费转变为收取一次性的进场费，大大降低了店面人员的投入，将店面人工减少了一半以上。

与此同时，相对应于自助餐收取进场费这一模式，涮涮锅通过降低每个盘子的供应量来增加消费者取盘子的频率，提高消费者浪费的成本，从而有效地降低了消费者的浪费现象。

从涮涮锅的公案里我们不难看出，对同个项目而言，不同的盈利模式需要付出的交易成本有所不同。了解客户所得到的价值、测量客户的时间、测算客户的使用次数等都需要付出额外的交易成本，如果这些额外的交易成本被证明是难以得到补偿的，那么简单的进场费就是合理的；如果新增加的交易成本能够得到补偿，则应该考虑采取交易成本高但交易价值也高的油费。富士施乐曾经就是一个采用类似于油费的按价值计价的盈利模式的成功案例。

公案：富士施乐以低成本实现油费模式

富士施乐将其数码印刷产品以租赁方式交给中国数量众多的数码快印店使用。快印店除了要每年支付相当于产品价格20%以上的本金和利息外，还要根据印制的张数支付维修服务、配件、耗材等费用。

租赁复印机设备的快印店惊奇地发现，复印机设备隔一段时间就会出问题。当然，富士施乐的服务很贴心，每次接到维修电话都会立刻上门，把复印机的停摆对快印店业务的影响降到最低。

这是为什么呢？

原来，富士施乐派维护人员上门服务，除了提供相应的维修服务之外，更重要的是检查复印机的计数器是否有损坏，以保证富士施乐持续不断的油费模式可以顺利实施。

虽然维护人员的上门服务产生了巨大的交易成本，但在当时，复印机租赁、维修、配件、耗材等项目所创造的交易价值更高。交易成本的提高仍然低于交易价值的提升，所以富士施乐这一模式能在当时获得有效的运行。

风险的识别与对策

对企业来说，选择分享费、油费、停车费、过路费和进场费的风险各有不同：如果选择进场费，收入较为稳定，但空间有限；如果选择停车费，可能收入空间较大，但收入波动很大，企业很难进行有效预测和把控。

除此之外，对企业不同的盈利模式，消费者的反应也不同，而这种逆向的选择也会带来风险。例如，如果企业收取进场费，可能会引起消费者的过度消费。倘若企业收取停车费，则可能造成消费不足或者消费行为被扭曲，如在某些第一个小时免费、第二个小时以后收费的停车场，就有可能出现车主每隔一个小时开车出去再回来的现象。

为了降低这种风险，企业可以设置一些配套的措施。如很多自助餐饭店一般都会对高价格的食物限量供应，或者在专门的柜台供应，造成稀缺，让消费者排队等待，且限制每次只能拿一定的分量，通过提高消费者的时间成本来降低过度消费的浪费成本。

基于对交易风险的考量，有些盈利模式由于风险过大而被替代掉，例如农产品交易的油费收支方式。众所周知，在农产品交易中，现金交易是一种巨大的风险，农产品交易所很难对每项收费进行实时监控，从而有些按照实际价值定价的方式很难在农产品交易所得到顺利的实施。而按照耕种面积收费（类似于停车费）的收费方式，虽然收的款项可能降低了，但可以收取固定的金额，让农户直接到企业缴纳或者电子缴费，从而省去了人工接触现金的风险。这就是为什么大多数农产品交易所都采用停车费收费方式的原因。

同理，技术的发展可能会降低原先的风险，甚至使原先的风险不再存在，从而有可能引导一些原本风险高的盈利模式重新出现。

例如深圳农产品股份有限公司，由于交易的都是大宗农产品，交易双方都是大企业，且都是通过电子秤、缴费卡电子进行交易，有效地消除了现金交易这一风险，从而为深圳农产品股份有限公司按照交易金额抽取分成佣金（类似于油费）创造了条件。

电脑游戏盈利模式的演化，其实也根源于技术的发展。随着网络技术的不断升级，使得记录玩家的各种行为成为可能，而电子支付的金融创新使玩家缴费的交易更加可控，从而使原本由于风险高而不可采纳的盈利模式成为可能。

黑袜子和袜管家都采取进场费模式，但是在控制风险上的不同做法，导致了不同的结果。

公案：黑袜子、袜管家，进场费的"向左走，向右走"

在注重礼仪的西方，让男士最为头痛的莫过于那些花纹、长短、新旧不一的袜子。

在1994年的某天，创始人Samy Liechti参加了一个与日本商人的会议，不曾想会议结束后还有一个日式茶会。当Samy脱下皮鞋踏上榻榻米的那一刻，他真恨不得找个洞钻下去，他的袜子老旧，而且大脚趾处还开了一个大洞。

这次尴尬的经历让 Samy 决定开展袜子定期购的生意：它的网站只卖四种长短不一的黑袜子，年费 89 美元，每四个月就寄给你三双黑袜子。单买的话，一双黑袜子是 10 美元。这价格可真不便宜，但黑袜子网站解释，这是因为包含了运费，而且承诺可以包邮到任何地方。而对广大男士而言，交一笔固定的费用，从此不用担心袜子的问题，似乎也是很省心的决策。

在袜子获得成功之后，黑袜子网站还销售其他类似产品，例如单色 T 恤、单色内裤等，也都取得不错的市场效果。

日用品＋订购，黑袜子开创了蓝海，10 年内它卖出了 1 000 万双袜子。同样地，黑袜子给自己"袜子＋服务"定了一个价格，区别于从其他袜子销售网站上不定时、不定量的消费价格。从另一个角度看，消费者相当于一次性为将来的多次交易付费，就仿佛一次性交付了消费袜子的"进场费"。

黑袜子之后，国内也出现了类似的网商——袜管家。与黑袜子不同的是，袜管家主要不是对订购这种服务进行定价，而是对消费者进行定价。

袜管家不但提供和黑袜子一样的男袜服务，还提供女袜、家庭装等服务。在每一类消费者中，它又按照袜子的质量、用量等分成不同等。比如男袜年费是 129 ～ 364 元，女袜则是 256 ～ 726 元。成立一年多就获得 3 万多名会员。

与黑袜子相比，袜管家在服务上做了一些创新。

袜管家设计了一个数据模型，会根据用户所在地的天气数据、产品特点和适用范围三个要素，即时计算并生成一个"配送方案"，满足客户的个性化选择。另外，模型也会根据用户的职业做一些适当的调整。例如，

经常在外面跑的保险经纪人，袜子容易破损。系统会推荐一年 16 双或 20
双的服务，这样更加划算。

除了年度自动投递和家庭套装，袜管家还推出了无限装：用户只要一
次性支付一定进场费，就能在全年任意时刻领取所需各种袜子，没有数量
和次数上限。

也许你很快就会发现问题，尽管袜管家定位于知识白领，一旦推出无
限装，就会吸引其他的客户恶意囤货。

果不其然，在经历了一系列成功后，袜管家在 2011 年 9 月推出无限
装，2012 年 10 月，公司就因为顾客恶意大量囤货而被迫停止该项服务。
仅仅一个月之后，袜管家就退出了订购电子商务服务，而是转型为袜类互
动导购社区，提供各种品牌、各种类型袜子的信息和评价。

显然，袜管家的失误就在于没有意识到，如果没有搭配相应的风险管
理对策，进场费就有可能带来恶意消费。事实上，只要是不对消费量做一
定规定的进场费、过路费、停车费等，都不可能无限量消费。例如，四海
一家的自助餐，对那些价格高昂的生蚝等，就要采取"限量+排队"的方
式。这种柜台通常都是长长的队伍，让你望而却步，而且每次还只能取两
个烤生蚝。通过这种风险管理决策，四海一家的自助餐才能达到最优的成
本结构。

小结：盈利模式背后的博弈结构差异

盈利模式背后是实力差异所导致的博弈结构差异。

进场费最简单，却反映了企业与消费者对一次性消费交易价值的争
夺。一次性消费资格的销售毕竟是粗放的，只能吸引一次性意愿支付价格

在此之下的消费者。在这种博弈结构下，双方都有意愿隐瞒自己的信息，以提升讨价还价能力。进场费、过路费、停车费、油费、分享费等则一步一步地细分消费者，使不同消费水平的消费者都能因此获取消费的资格并为自身的消费行为买单。

为此，企业就需要诱导出消费者的信息，采取的就是设计好盈利模式，让消费者就座；消费者则对盈利模式的政策定好自己的对策，逆向选择中暴露自己的信息。双方因此需要支付诱导信息和显露信息的交易成本，但带来的却是更多的交易量或者更合理的交易价格，这就提升了交易价值。

由于盈利模式的设计通常以企业为主，如果企业的实力能够以低成本诱导消费者显露其信息，从而提升整个商业模式的总价值，那么这种更高昂的交易成本就是值得的。

公案：花样年舍弃"进场费"，通过"油费"收获更多

巨大市场往往造就强大企业。中国现有城市超过 600 座，商品房存量面积极大。保守假设，人均城市住房面积达到 30 平方米，城市人口达到 6 亿，即有 180 亿平方米的物业需要管理。

显然，这是一个巨大的服务市场，可以成就强大的物业管理企业。因为，如果能在市场取得 1% 的份额，管理的面积即可达到 1.8 亿平方米。

但是，中国物业管理行业的企业人工费用等刚性成本不断上升，全行业微利甚至亏损。依靠以往固定的进场费，已经难以为继。

花样年物业管理公司变革行业通行的进场费，设计"油费"的盈利模式，取得了令人瞩目的成绩。在跟随母公司整体上市当年，物业管理公司贡献的利润就超过 4 000 万元。

花样年定位于"社区增值服务"，强调"网络平台管理"和"专业细分的分包模式"，构建了"彩生活"服务系统，降低人员费用。

　　花样年最大的特点在于其"盈利模式"。花样年设计了除酬金外的"多种增值服务收费"，收入来源多样，改变了以往物业管理公司主要靠物业费的单一收入来源。

　　花样年物业管理整体收入包括三大部分：

　　一是以专业工程委托保养、维修带来的后续长期收入，如清洁、绿化、道路、外墙、机电设备等的保养或维修。

　　二是以专业管理，采用承包方式获得的"物管收费"以及"日常住户服务收入"，也就是物业管理费，这部分收入持续性好，可以随着物业管理规模的提升而增加。

　　三是"社区网络服务项目收费"，增长潜力巨大，并可跨越自身业务领域不断复制。"花样年"为业主提供了100多项"增值服务"，包括"代业主购物""购买充值卡""送桶装水""订送牛奶"，甚至提供"旅游服务"以及推广"加油卡""百货公司消费储值卡""社区电信储值卡"等。

　　比如送桶装水服务，因小区内有几百住户，桶装水需求量大，所以桶装水公司就愿意与物业公司签订合作协议，将桶装水送到物业公司，由物业公司完成配送和分销，省去了"桶装水分销点"的成本。对住户来说，价格比外面便宜，还有信任的小区保安送到家中，发现问题可即刻找物业公司投诉。

　　由于花样年提供的"多样化增值服务"，形成了具有增长潜力的"多样化收入"，从而在降低"物业管理收费"的情形下，仍可盈利。这种"低价优质服务"有助于它的复制和扩张。

　　在降低成本方面，花样年不断寻求突破。例如，成立专业的维修保养公司，这样，原来给专业公司赚走的利润就节约下来。另外，还以"技术防范"代替"人防"，通过监控系统评估，在小区内人流出入不频繁的地方，安装"门禁系统"，由业主刷卡进入，代替了保安员，这样一次性投资，长远计算更便宜。再如，以片区或每栋楼为单位，安排客服前台受理业主的建议和投诉，节约了管理人员的成本。而且，公司没有请专人来做增值服务，而是通过奖励和提成，让不当班的保安和管理人员来给业主送货。

传统盈利模式往往比较单调，依赖企业的主营业务，企业提供什么样的产品和服务，就针对这种产品和服务相应地向客户收费。然而，在当今"微利"时代，市场竞争导致产品、渠道、促销同化，甚至是利润来源同化。在此情况下，突破"同化竞争"成为制胜关键，出路在于实现"盈利模式"的转变。

现代盈利模式超越过去做什么就靠什么赚钱的方式，强调收入的"关联性"和"多样化"，即以主营业务作为平台，发现平台产生的关联业务和收入，通过向客户、供应商以及合作伙伴提供多种经过整合的"增值服务"，实现"收入来源的多样化"。

在这种收入模式下，"主营业务"和"单个盈利点"可能盈利较少，甚至不盈利，但在整个盈利模式中，依托主营业务建立起来的"组合盈利点"，却为企业带来不菲的利润。

这样，在主营业务的竞争中，利用低价吸引客户，并且提供比竞争对手更多层次的后续服务，来增加客户满意度，可以有效地锁定客户，构建安全发展空间，扩大市场份额，获得持续增长。

花样年以"物业管理"为平台，提供"多样化的增值服务"，获得持续增长的"多样化收入"。这样的新模式不依赖地产商，可复制和规模化扩展，是对传统物业管理商业模式的破坏性创新。

在这种创新的商业模式面前，依赖"主业专业化经营"和"单一收入"的传统商业模式无疑将举步维艰。

第 5 章

顾客定价：对一千个哈姆雷特定价

———

一千个读者就有一千个哈姆雷特。

——莎士比亚

引子："看着给"的餐厅

在童话大王郑渊洁的《大灰狼罗克》中，有这样一则故事：罗克开了一家"看着给"餐厅，风风火火地开业，红红火火的客流，还上了《时代周刊》的封面，无奈对于同一个菜，顾客们反应不一："我认为太咸了，只能付一半。""我认为太淡了，只能付一半。"最终罗克在亏本的压力下关了餐厅。

也许这个从小灌输的笑话让我们觉得让顾客定价就是天方夜谭，但在英国伦敦真有这么一家餐厅，它通过顾客定价，收入相比餐厅定价还增加了。

这家名为"小湾"的餐厅从 2009 年 1 月开始实行"看着给"的办法。彼时英国受到金融危机和经济低迷的影响，无论是高薪白领还是普通工人都转向了价格合理、简约朴素的小馆子。敏感的餐厅老板彼得·伊利奇提出了这个新奇的定价方法，让顾客根据自己的意愿定价。这个办法实行的第一天，顾客付的钱就比餐厅定价多了 20%，并且绝大部分的食客都遵守了公平交易的原则。"顾客们都想表现出礼貌，给钱少了会觉得不好意思"，伊里奇自信地说。虽然每个月都会有那么十来个不付钱的顾客，但是总的来说餐馆相对过去盈利增加了。

出乎意料的是，这家餐馆并没有因为实行"看着给"政策而影响菜品质量。相反地，它提供了从价格到品种都更加多样化的菜肴来满足不同顾客的需要。这个决策相比提供统一的简单食物的确提高了成本，但是满足的顾客往往给出了更高的价格，因此小湾的盈利不降反升。

小湾作为一家低消费的小餐厅，又处在经济低迷时期，采取"看着给"的策略或许与行为经济学有关：毕竟它已经没有什么其他选择，那么大胆尝试这个新的定价方法是可以理解的。但是，不同于小湾在经济低迷时应对性的顾客定价，伦敦高级咖啡厅 Just Around the Corner 已经实行"看着给"策略 20 多年了，无论经济起伏，它都名声斐然。

人们免费享用高级餐点的激励是更高的，这家高级咖啡厅为什么敢于承担顾客定价的风险呢？店主瓦索斯·迈克尔给出的解释是，顾客因为他们更好的食物与服务而给了更高的小费。顾客定价的方式保证了 Just Around the Corner 的服务质量和餐饮品质，提高了它在顾客心中的形象，前来尝试的顾客不再关注它的价格，而是关注在这里就餐的体验，自然价格水涨船高，顾客盈门。曾经就有四个美国商人光顾 Just Around the Corner，临走时留下 600 美元（相当于现在 2 000 美元）。

根据统计，在 Just Around the Corner 就餐的顾客，他们所付的钱平均比在别处享有同等质量的服务要多 10% ～ 20%。顾客定价这么一个乍听之下风险很高的定价策略，却在经济好坏时都能赚钱，这似乎意味着顾客定价有了风险对冲的作用。从风险控制的理论上说，多样性

（diversification）往往能起到分散风险的作用，顾客定价也是让不同的顾客给出不同的价格，也在一定程度上用多样性分散了风险。

当然并非所有餐馆都能像上述餐厅那样让顾客自己定价，在中国也许就难免重蹈大灰狼罗克的覆辙，但也有餐馆另辟蹊径，达到了顾客定价的目的。

中国香港的万佛宫就是一家著名的"看着给"餐厅。到那里吃饭都要事先预订，每一位客人都会留下身份信息。事实证明，在那吃饭从来没有不给钱的，只有多付钱的。因为他们一旦感觉付的钱比其他食客少，就算都是陌生人，也会自己感到丢脸。可见如果能激发那些不愿公平付钱的顾客心中的身份自尊感，吃白食的行为就能得到有效抑制。

正如莎士比亚所说，"一千个读者就有一千个哈姆雷特"，不同的消费者对同一产品或服务的感知通常也千差万别。

"看着给"将定价主动权交给顾客，充分挖掘不同顾客的价值感知。商家则专注于产品和服务的质量，提高收入的稳定性。顾客定价可谓在全球经济低迷的背景下，商家守正出奇的一招。《孙子兵法》云："以正合，以奇胜。"顾客定价可算是：以优质的产品服务合，以消费者定价胜。

定义：顾客定价

在感性认识了顾客定价后，我们给出它的定义：完全由顾客根据产品或服务给他带来的效用定价。

在经济学中，效用（utility）这个词是指对于消费者通过消费或者享受闲暇等使自己的需求、欲望等得到满足的一个度量。用通俗的话来说，就是产品和服务给顾客带来的价值感受。这是我们定义中的第一个关键词。

　　在产品性能方面，每个消费者的感知是相互独立的，听同一首歌、吃同一道菜，给你、给我的感受是互不影响的。然而在现实生活中，我们对产品的定价却不是相互独立的。正如前面提到的万佛宫，他人给出的价格很有可能影响你最终决定出的价格。因此，在现实生活中，不同消费者的效用相互并不独立。

　　也许你会想，拍卖不也是由竞标者自行定价的嘛，而且最终成交价受其他竞标者影响，标的物带来的感受互不影响？那么我们就要注意第二个关键词：完全。对于拍卖来说，卖者心目中是有一个底价的，低于这个底价的竞价他是不会出售的。而我们所说的顾客定价则不同，即使卖家心中有一个期望价格，他也必须接受顾客的出价来完成交易。值得一提的是，顾客定价中的建议价格不是底价，它只是作为顾客"看着给"的一个参考，因此仍符合"完全"这一要求。例如大都会博物馆门口公示的建议捐款额，虽然给了顾客压力，但是顾客如果要免费游览也是完全可以的。

公案：看着给，让爱心更纯粹

　　顾客定价的一类经典案例就是慈善捐赠。2007 年，美国的帕尼尼面包公司就推出了一家由顾客决定价格的"罗宾汉慈善面包店"。在这个面包店里，顾客可以根据自己的意愿多付、少付或者不付餐费。无力支付餐费的顾客也可以选择在面包店的咖啡厅做一小时义工来"换取"自己的食物。统计结果显示，60% 的顾客会按照"建议零售价"付款，20% 的顾客会多付一些，其余顾客会少付一些。

　　无独有偶，在辽宁沈阳也有一家爱心互助公益小超市，超市的商品是由爱心人士和企业提供，员工都是社区的志愿者，墙上写着需要帮助的家庭情况，前来购买的顾客都是自己看着给，超市收入全部用于捐赠。由于商品市面价格透明，又是爱心公益超市，顾客也是只有给多，没有给少。

　　另一个顾客定价的典例就是街头卖艺。也许部分街头卖艺者会随口给出他们的心仪价格，但是那也只是我们前面提到的参考价格。观众完全出自他们的表演带给自己的感受出价。同时，当周围的观众纷纷公平出价后，你自己也会不由自主地公平出价的。

　　我们已经清楚地了解了顾客定价的内涵，那么，究竟为什么会采用这种看上去风险极大的定价方式呢？

信息不对称下的不定价决策

　　正如之前章节所介绍的，一种定价方式的选择与否取决于它是否能提升整个交易过程中的价值空间，而价值空间受到交易价值、交易成本和交易风险的影响。只有当交易价值的增值大于交易成本的消耗，这一定价模式才有被采用的可能。

　　首先将商业模式中的交易成本与传统经济学中的成本进行区分和解释。传统经济学主要考虑的成本为原材料成本、人工成本、资源成本等。而新制度经济学将交易过程中发生的诸如讨价还价、搜寻成本等从人工成本或者销售成本中抽离或者提炼出来，以便为定价方式的改进提供更为可行的优化方案。例如，托关系而完成的销售，其中的人脉资源从商业模式的角度来看也是一种成本，只不过是内化在销售人员的薪水中而已。商业模式的交易成本采取新制度经济学的定义。

　　商业模式成本分成两大类，一类是交易成本，另一类则是货币成本。货币成本是指顾客购买和使用产品所付出的直接成本和间接成本，它可以有焦点企业和利益相关者两个来源，并且无论是焦点企业还是利益相关者，都可以通过管理控制来调节货币成本。而交易成本则是在交易进行前、交易过程中以及交易完成后交易双方之间为达成交易所付出的各项成本。

交易开始前，交易双方面临的交易成本主要有搜寻成本以及厂家的货币成本。对于消费者而言，无论购买什么，都存在一个购买的心理价位。超过这个价位后，就不再购买。当超市所有口味的饮料都是 3 元，就没有消费者会出 4 元买饮料。当然，如果市场上只有一个生产商，就是另一种情况了，此时无论定价多少，有需求的消费者都会购买。

假设某饮料厂商研发出一种新口味的饮料，打算做市场推广，需要确定怎样的定价，既可以不超过所有消费者的"心理价位"，同时使公司利润最大化？

如果市场上所有的饮料都是一种规格、一种口味，定价问题也就解决了：只需跟着市场定价即可。任何高于市场价格的饮料，消费者都不会购买；而当价格低于市场价格时，由于原材料、工厂规模的限制使产品供不应求，产品价格提升，最终回到市场价格水平。

同时，如果市场上只有这一家厂商生产饮料，定价问题也很容易解决：厂商可以任意定价。因为无论价格如何，有喝饮料需求的消费者一定会购买。

但往往事实并非以上两种情况。生产饮料的厂商不止一家，各种饮料的定价也存在差异。这时候，这家厂商该如何定价呢？定价过低，无利可图；定价过高，又可能失去市场。这就是由于企业对产品的信息优势和顾客对自身偏好的信息优势导致信息不对称带来的交易成本。信息不对称带来的交易成本问题存在于所有企业中，但在非垄断行业尤为突出。

在顾客定价方式下，顾客只需根据自己的意愿，即完全按照自身偏好的信息优势支付价格，不必担心企业对产品信息的把握会抬高价格，降低自己的消费效用或者造成"买亏了"的心理落差。这样就有效避免了信息不对称带来的损失，降低了顾客交易前的成本，提升了顾客的剩余价值。

这一定价方式也有效降低了企业的搜寻成本。通过顾客定价企业可以在开放的平台上获得顾客给出的心仪价格，节约了前面提到的大部分定价成本。需要注意的是，顾客定价只是降低了企业定价方面的货币成本，并不一定降低了企业的总成本。正如前面小湾的例子，为了能够满足顾客多样化的需求，它提供了多种食物的选择，这在一定程度上提高了企业的生产成本。

信息不对称带来的另外一个重要交易成本是讨价还价成本。因为即使是确定了交易关系的双方，在交易的过程中，也会因为讨价还价的谈判耗费双方大量的时间和精力，造成一定的交易成本。"看着给"的交易过程完全不存在这类问题，交易完全是你情我愿，干脆利落，由此大大提升了交易效率，降低了交易过程中的成本。此外，顾客定价还在一定程度上降低了企业现金流的时间成本。正如我们即将要讨论到的，顾客定价的产品对象具有体验型的消费特征，而体验是有及时性的。顾客在体验完后会马上给出他的心仪价钱，不存在讨价还价和催促等过程，也就没有等待现金回流的时间差，进而减少了现金流的时间成本。

在交易发生之前，顾客定价方式对双方交易风险的影响可以看作一种零和博弈，它大大降低了顾客的交易风险，同时提高了商家的风险。"看着给"让顾客可以根据自己的交易体验给出任意的价格，因此顾客所面临的风险大大降低；而商家必须接受顾客给出的任意价格，并且很难去控制顾客定价的过程，相对于采用其他定价方式商家面临着更大的风险。正如前文所列的案例，顾客完全可以在 Just Around the Corner 大吃一顿之后擦擦嘴走人，不留下一分餐费。因此，很难说顾客定价到底是降低还是增加了整个交易发生前的交易风险，它需要更多的控制条件来分析，这个我们将在顾客定价适用范围部分进行详细阐述。

公案：在线外包公司如何降低信息不对称

美国最大的"在线外包平台"公司 oDesk 的用户来自 150 个国家，包括 21 万名雇主和 73 万名网络承包人。2010 年收入超过 2 000 万美元。

在 oDesk 上，雇主贴出招聘广告，全球各地的自由职业者都可以申请为网络承包人。雇主决定选择谁。薪水先付给 oDesk，后者再转付给承包人。对雇主而言，减少了长期雇员，还省掉办公室、电脑等费用。如果是复杂的任务，雇主也可以将多个网络承包人组成团队完成。注册为雇主或者网络承包人都不需要缴纳会员费，oDesk 的盈利来自每一笔交易 10% 的佣金。但由于交易额由雇主决定，雇主也间接决定了 oDesk 的收益，这有点类似于顾客定价。

但是，雇主怎么知道网络承包人是否在努力工作呢？网络承包人又会对怎样的薪酬感到满意呢？如果解决不了这两个问题，oDesk 就要面临大量的交易纠纷，这就是我们前文讲的信息不对称。oDesk 通过技术手段解决了这个问题。

首先，oDesk 的绝大部分项目按照小时计酬，每周付薪一次。

其次，为了让雇主了解承包人是否在为他工作，oDesk 要求每个承包人在工作的电脑上安装一个软件。承包人工作开始时登录这个软件，工作结束时退出。软件为工作计时，并以每小时为单位，对承包人的电脑桌面进行 6 次随机截屏，同时记录键盘和鼠标敲击的次数。更让人匪夷所思的是，它还通过网络摄像头拍摄承包人的工作情景。这些记录会自动生成"工作日志"，提供给雇主。在交给雇主之前，承包人有权删除跟自己工作无关的信息，当然，这会导致信息提供不足，使雇主拒绝支付部分薪水。

这种技术手段降低了信息不对称，得到雇主和网络承包人的认可。当然，也引起了一些争议，有些人觉得这种技术手段侵犯了个人隐私，但目前 oDesk 还没遇到过法律上的麻烦。

oDesk 最热门的工作包括：网页设计、网络编程、博客和文章写作。

顾客定价带来价值提升

不可否认的是，顾客定价这一方式在交易发生前为交易价值的提升创造了更为广阔的空间。给顾客以定价权使得商家能够充分发掘潜在客户，同时有可能获取顾客的最高意愿价格。

与此同时，由于采用顾客定价方式的企业多为提供即时消费的商家，顾客在交易过程中的风险几乎为零，他完全不用担心自己得到的与想象中的产品或服务大相径庭。并且在交易过程中，双方的交易价值也大大提高。对于厂商来说，首先是市场容量的扩大。原先不购买的顾客会开始考虑购买，相当于市场容量的扩大。

新颖的顾客定价也会带来巨大的广告效应，增加产品的潜在顾客，从而进一步扩大市场容量。更少的宣传，更多的顾客，自然意味着厂商更大的价值空间。

对于顾客而言，交易价值也明显提高。就像前文提到的 Just Around the Corner 餐厅的顾客，顾客定价的方式保证了 Just Around the Corner 的服务质量和餐饮品质，提高了它在顾客心中的形象。前来尝试的顾客不再关注它的价格，而是关注在这里就餐的体验。

这种定价方式还可以帮助厂商迅速掌握市场各类消费者的心理价位。交易越频繁，范围越广泛，这种信息就会越多，日积月累，这就变成了厂商的一个宝贵的"数据库"。下次再开发产品的时候，这个"宝贵"的数据库就能派上用场。

顾客定价使我们很自然地联想到经济学中垄断市场的价格歧视策

略——垄断企业对每位顾客收取一种不同价格的情况。在这种情况下，垄断者对每位顾客收取的价格正好等于他的支付意愿，而且垄断者得到每次交易中的全部剩余，从而避免社会无谓损失。

同样是收取每位顾客最"愿意支付"的价格，二者有什么不同？顾客定价方式并非只适用于垄断企业，因为在垄断市场中，价格是由厂商来定，而在顾客定价中，定价方变成了顾客。这使得顾客定价方式适用范围更广泛，适用条件也更灵活。当然，就像一枚硬币的两面性，顾客定价的灵活性也带来了一些问题。如果没有垄断厂商那样稳定的顾客黏性，顾客定价往往面临顾客故意过低报价的风险，从而过度攫取厂商的交易价值。因此，需要注意顾客定价的适用范围。

慎重采取顾客定价方式

从理论回到现实，我们需要考虑的是，在什么样的条件下"顾客定价"方式得以有效开展，或者说对企业来说，"顾客说了算"在什么情况下才有利可图？

来自不同行业和领域的部分经营者已经意识到，与同行之间无休止的价格战终会拖垮自己，成为这场战役中默默牺牲的小卒。于是这些商家开始另辟蹊径，将"顾客定价"作为盈利模式的制胜法宝，以差异化收费的方式吸引各个层面的消费者，在满足顾客自身效用的前提下最大限度地为公司带来盈利。通过总结这些经营商成功的特性，我们从产品、顾客、买卖关系等方面提炼出一系列"顾客定价"方式所适用的范围。

产品方面

（1）低边际成本。在经济学和金融学中，边际成本指的是每一单位新增生产的产品（或者购买的产品）带来的总成本的增量。低边际成本意味着第一件产品的制作成本很高，但是从第二件开始，新增加的成本就变得很低。比如以线上下载唱片盈利的唱片公司，在前期投入了很大一笔费用将唱片制作完成后，后期就可以依靠下载量获得多次收入而不必承担太多边际成本。还有很多其他类型的媒体商品和知识产权商品，都可以采用这种方式。

公案：文艺范儿让你定价

对于一家胶囊旅馆来说，固定成本显然很大，边际成本虽然不为零，但在空房率较高的情况下，多服务一位住客所需新增的边际成本显然很低。所以在行业同质化竞争之下，顾客定价也不失为一种试探性的选择。

奥地利的一家公园里推出了一家比胶囊旅馆更经济舒适的"水泥管旅馆"（DasParkHotel）。客房用一根普通的水泥管建成，两端各装有一扇门，顶部有一个圆孔状的全景天窗，可以观赏布满繁星的夜幕。房间（管道）内拥有充足空间，并配备有双人床、储藏柜、台灯、毛毯和棉质的睡袋，甚至还有电源插座，供客人为照相机或手机充电之用。DasParkHotel 的每一间客房都被完全固定在地面上，不会有滚动的危险，可以完全放心享受这间私人空间，和亲密的朋友、家人一起度过完美的假期。

该旅馆的定价完全由客人"看着给"。住一晚要多少钱，就看各人的承受能力或者你认为适合的价钱，多少不限，只要支付的是欧元就行。

文艺范儿的创意加上弹性十足的定价方式，消费者怎会不趋之若鹜呢？

（2）体验型产品。像音乐、书籍、电影、餐厅服务等具有精神附加值的产品，这些产品的价值更多地体现在顾客使用过程中获得的体验，而不是集中在顾客将要支付的价格上面。对于一个粉丝来说，一张唱片带来的效用完全来源于他对于精神偶像的崇拜程度以及在聆听唱片过程中获得的精神上的愉悦感，而这些感知价值已经最大限度地反映在了他所支付的价格上面。

体验型产品的另一个特点是顾客是即时消费的。即时消费意味着即时定价，顾客在体验最愉悦的时候更有可能支付极高的价格。这种非理性定价在粉丝经济、体验经济中屡见不鲜。这也是顾客定价在体验型产品或服务中大行其道的原因所在。

另外，即时消费意味着后期没有二手市场可以转卖产品。这在一定程度上保证了顾客剩余向商家最大限度地转移，有效避免顾客恶意给出低价，然后转卖给高支付意愿的顾客，从而促进"看着给"策略的顺利实施。

顾客方面

（1）顾客群体广泛且具有差异化。根据价格歧视理论，如果一件商品的受众群体很单一或者所有顾客都具有相同的需求价格弹性，那么每一固定单位的产品之间的价格差别就不存在了，"看着给"策略自然也会失效。在粉丝群中，一定有一部分最狂热最忠诚的人，他们比其他任何粉丝都更迷恋自己的偶像，从而愿意支付最高的价格来获得唱片。差异化的消费群体对于商品的成本结构认知具有多样性，对商品成本会有不同程度的高估或低估。商家因此可以制定差异化的价格歧视策略，从而实现利润的最大化。

（2）顾客思想公正（自发和社会监控）。"看着给"的策略极大地考验了顾客的社会道德，也试探出了他们对外界看法的敏感性。在这个过程中不乏一些自省性甚高的人群，他们的行为完全受支配于自身高尚的道德观念，而不受任何外界环境的干扰。当这些人免费获取别人的劳动成果时，他们的内心会感到不安，于是他们会为自己的消费付出意愿的价格。对于这样的消费者，经营者完全不必顾忌收不到钱的潜在风险，只需认真考虑产品的成本以及为顾客带来的效用问题。

然而实际中，情况并非如此完美。大多数顾客的公正性情感来源于社会的监控，或者说一种强烈的共同归属感。当他们的付费行为被外界所知甚至记录下来时，受自尊心的驱使，他们会付出一个合理的或者高于身边人的价格，以体现自身强烈的道德公正性。这时，经营者就需要采取"社会监控"的措施来激发顾客心中的公正感。例如将顾客定价的面包店设在居民社区，顾客之间会因为彼此非常熟悉而审视自己的出价行为；在参观博物馆之前免费"购买"一枚领扣，让顾客觉得不好意思免费参观；再比如强制性一点的，如万佛宫每次消费时记录下顾客的身份信息等。

当社会监控施加影响越大，社会群体的共性越强烈时，顾客定价战略就越容易成功。

卖家方面

尽管满足了产品低边际成本、体验型特性，顾客的公正性情感也得到很高程度的激发，"看着给"策略在交易过程中仍旧有可能隐含一系列风险，包括免费获取、产品转卖等。这就需要经营者有极大的风险承受能力。

另外，卖家要和消费者建立一种亲近的关系，这样更容易提升顾客的忠诚度。比如超市货架旁的导购员热心地为你提供便捷及时的服务，餐厅的服务员耐心有礼地服侍你用餐，这些都令你的好感瞬间提升，这个时候你对商家的心理认同感会变得强烈，于是很难做出白吃白用的行为。位于北京朝阳区的一家婚纱摄影工作室推出了"智慧劳动由你定价"的活动，在摄影师用心地为新人拍摄出满意的作品之后，没有一对新人想占便宜恶意压低价格。活动推出一个月之后，工作室的收入比过去增加了两成左右。老板说，这个活动不仅能使工作人员提高服务质量，也建立了工作室和新人之间的友好关系。

小结：顾客定价与传统定价的比较

在了解了顾客定价的原理和适用范围后，我们现在来比较下"看着给"定价方式与传统定价方式在交易价值、交易成本和交易风险上的差异。

"看着给"无疑增加了顾客的价值感知和消费体验。由于这一定价方式多适用于体验型产品，为了确保自己获得顾客的认可，商家将更加注重产品和服务的提升，这样一来将有助于商家不断创新提升自己的竞争力。很难确切地说采用这一定价方式将会增加商家的收入，但是从长远来看它将有利于商家的发展。

不妨以 Just Around the Corner 为例。传统餐厅定价与顾客定价有着不同的交易成本和风险，它们所带来的交易价值也不同（见图 5-1）。顾客定价的餐厅使得消费者把目光集中在所品尝的美食和接受的服务上，提升了他们对餐饮这类体验型产品的感知价值；另一方面，由顾客掌握定价权使得餐厅更专注服务和菜肴，因为只有优异的服务和可口的食物才能为他们赢得顾客的认可并带来收益，这样将有利于餐厅品质的提高，从而带来比传统定价模式更大的价值上升空间。曾经就有四位美国商人在 Just Around the Corner 用完餐后留下 600 美元作为餐费。换个角度看，顾客定价使得顾客能集中体验服务和美食，提升他们的价值感受；同时餐厅被动地实施价格歧视，获取了更多的消费者剩余从而也提升餐厅的交易价值。

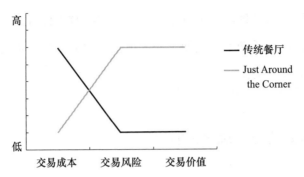

图 5-1　传统餐厅定价与 Just Around the Corner 交易成本、交易风险和交易价值比较

　　在交易成本方面，顾客定价相比传统定价有所下降。以前文提到的"罗宾汉慈善面包店"为例，通过"看着给"的定价方式大大降低了顾客讨价还价的成本，因为钱是顾客看着给的，想给多少就给多少根本不存在讨价还价这个环节。与此同时，掌握定价主动权无形中提升了顾客的购物体验，为顾客创造了更多交易价值。就面包店而言，"看着给"这一新颖的定价方式起到很好的宣传效果，降低顾客搜寻成本，而统计数据显示由顾客定价带来的交易风险也没有预期中的那么大，交易价值也从多付的顾客和一小时义工中得到了相应的补偿（见图 5-2）。

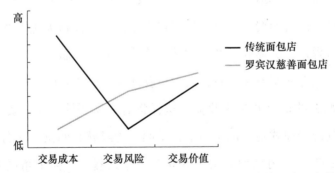

图 5-2　传统面包店定价与罗宾汉慈善面包店交易成本、交易风险和交易价值比较

　　从以上两个案例不难看出"看着给"所带来的舆论效应大大降低了商家和顾客的搜寻成本，同时也减少了商家在确定定价上的花费，降低了整

个交易的成本。在交易风险方面，由于价格完全由买方确定，主动权掌握在买方手中，所以对于卖方而言很难控制整个交易过程中的风险。拥有差异化或优质产品和服务可以帮助降低商家的交易风险。"看着给"商家的收入完全取决于顾客的价值感知，好的产品和服务更容易获得顾客的认可，从而降低采取这一定价方式的交易风险。与此同时顾客的公正性和所处的文化背景也十分重要。

从交易成本、风险和价值的角度来看，"看着给"比较适用于风险承受力强的商家。换言之，初创型企业就不太适合采用顾客定价这一定价方式，因为收入的不稳定对于初创企业可能造成毁灭性的打击。

第6章

拍　　卖

—

引子：服装也可以拍卖

纽约一家服装零售商 Syms 采用了一套自动降价系统，以此吸引顾客在看中一件衣服的时候及时做出决策，以免错失良机。

这套系统是如何运行的呢？

在 Syms 卖场，你可以看到每件女装的价格标签上都列着三个价格，分别是全国统一售价、Syms 售价和未来折扣价，这三个价格依次递减，其中每个价格只持续 10 天，到期后自动更换为下一个。

这里隐藏了一点，是不同价格之间的溢价差会被有意放大，显示出降价之后的"价廉物美"，以此吸引顾客在可预见的期限内再次光临。试想，当你在 Syms 看到一件中意已久但因价格问题而犹豫不决的大衣，它的 Syms 售价又恰好比全国统一售价低 50 美元，你是不是会马上下手呢？对于一个十分心仪它的顾客来说，没有什么比立刻下手更让她觉得兴奋了。

这样一来，顾客在 Syms 购物的愉悦感油然而生，这就像拍卖过程中你争我抢的竞买行为，只不过整个拍卖速度被放慢了，对顾客来说，时间压力会小很多。对于 Syms 来说，由于吸取了价格歧视的优势，自动降价让它捕捉到了具有不同价格敏感度的消费者，更大程度地获得了消费者剩余，实现利润的扩大化。

定义：拍卖定价

2013 年 5 月 20 日，来自浙江的张建创下了淘宝史上最贵的交易：在保利拍卖行的淘宝平台以 121.4 万元的价格拍下傅抱石的《听泉论道》，加上网拍的佣金，总价 133.54 万元。别看这是淘宝最贵的交易，国画内行认为，这幅作品市价至少 300 万元。张建也表示，他拍下的第二天，就拒绝了他人 300 万元的购买提议。

拍卖也许是定价理论与定价机制被讨论得最多的一种。从价格走势来分可以有上升与下降，从公开性看有密封的与非密封的，等等。如果每一次出价都意味着一次拍卖，我们其实很容易理解为什么要拍卖：所有者相对竞价者拥有绝对优势——独占性。这一优势随着拍卖品的所有权转移而转移。就说《听泉论道》，只要价格在基价以上，所有者并不在乎谁出的钱，越高越好。

说到拍卖，大家一定不会陌生。炙手可热的拍卖品、紧张刺激的竞价气氛、充满未知的溢价收益等，都为它的存在增添了无尽魅力。作为一种古老而高效的买卖方式，拍卖的价值自然不会被机敏的商人忽视，它的精髓不断被摄取并融入瞬息万变的商业运营中，和众多或传统或现代的商业元素共同成长，推动商业领域不断革新。

拍卖业正式形成和发展于近代欧洲，17 世纪拍卖行在欧美大量兴起，功能齐全的新型拍卖行层出不穷。荷兰以拍卖农副产品为主，英国以拍卖艺术品、马匹、茶叶见长，美国则主要拍卖欧洲的生产资料。与此同时，几种典型的拍卖方式也相继确立，比如最常见的英式拍卖、荷兰式拍卖、美式拍卖、密封竞价拍卖等。

拍卖定价是将拍卖引入商业定价机制的一个直接而典型的融合方式，它具备拍卖特有的强大吸引力。消费者在拍卖交易的过程中可以获得竞价带来的愉悦感，商家也可以从中把握消费者的最佳支付意愿，获得商品的最大价值。

从拍卖角度来看，Syms通过依次降价来达成交易的方式其实类似于荷兰式拍卖，即减价拍卖（指拍卖标的的价格从高到低依次递减，直到第一个竞买人应价成交）。由于Syms的拍卖周期较长，交易速度过慢，我们暂且将Syms的自动降价机制称为慢速荷兰式拍卖定价。

对荷兰式拍卖定价方式应用最多的要数网络市场。全球范围内，网上拍卖市场的主要参与者包括eBay等数十家拍卖网站，热点区域主要在美国与欧洲各国。它们的优势体现在：

（1）对于拍卖商、供货商和消费者的进入门槛较低。

（2）交易的透明度高，产品延伸度大。

（3）固定投入少，管理费用较低。

（4）可以适应复杂的拍卖机制，处理复杂的交易信息。

如果说Syms卖场的拍卖气氛还不够浓烈，竞买行为称不上分秒必争的话，那么来看一下eBay是怎样发挥拍卖定价这一优势的。

公案：eBay，最大的拍卖网站

eBay是全球最大的零售拍卖网站，标的物涵盖古董、书籍、邮票、玩具、珠宝等价值"非凡"的商品。

注册成为eBay用户之后便可以开始有趣的拍卖之旅了。

首先搜索到你心仪的目标物品，页面上会显示已出价次数、目前价位、竞价结束时间等信息。如果你决定参与竞价，就需要首先估计一个自己可以承受的最高心理价位，然后开始出价，每次可多可少，完全取决于你的个人意愿以及和其他买家之间的心理博弈。如果出价过高，比如现价100 元，你给出了 200 元的竞价，eBay 不会直接将价格升至 200 元，而是自动根据加价幅度上调一定比例，比如会升至 110 元或 115 元，也就是100 元加价的 10% 或 5%。这样一方面是为了避免恶性出价，另一方面也能吸引更多心理价位在 100 ～ 200 元的竞拍者参与进来。

如果竞拍成功，最后的成交价格会略微低于或者等于你事先给出的最高心理价位。如果成交价格高于你的最高出价，自然意味着你和这件物品失之交臂。

你也许已经注意到，eBay 在拍卖时的出价原则完全不同于 Syms 的依次递减机制，它的出价是从低到高逐渐递增的，这来源于另一种典型的拍卖方式——英式拍卖。

英式拍卖是一种最为传统的公开拍卖方式。其形式是：在拍卖过程中，拍卖标的物的竞价从低到高依次递增，时间结束时，出价最高者为竞买的赢家。网上英式拍卖与传统英式拍卖的区别在于：传统英式拍卖不需要事先确定时间，一般几分钟之内便可以结束；网上英式拍卖则需要事先确定拍卖的起止时间，一般是数天或数周不等，例如 eBay 拍卖的持续时间一般是 7 天。

你可能会担心，这样会不会造成众多竞买人进行"狙击"？也就是，在拍卖结束前的几分钟才开始出价，这个价格试图击败所有其他竞买人，使得他们没有时间进行反击。eBay 的解决办法是，在固定的时期内增加"扩展期"，例如将扩展期定为 10 分钟，如果在这 10 分钟之内有人出价，则拍卖时间自动延长 10 分钟，此过程将一直延续下去，直到没有竞买人出价。另一种办法是实施"代理竞价"机制，就像前文提到的，竞买人事先提供一个最高的心理价位，由 eBay 代理人按照竞价阶梯自动出价，直到达到竞买人给出的最高价格。

乍一看，这种方式更像"看着给"的顾客定价方式，其实不然。首先，"看着给"并没有提供一个底价，你完全可以不出一分钱，免费享用对方提供的产品或服务；而且，各顾客对商品的获取不存在排他性，也就是说，你以一个价格买到这件商品并不影响我以另一个价格获得它。拍卖定价则存在第一次出价行为，这个价格可以是卖家设置的，也可以是买家叫出的。另外，由于拍卖标的的稀缺性或者竞价本身的特性，买者之间的出价并不是相互独立的，对商品的获取具有排他性。

再来看一个国内网拍的例子。

公案：你的团购你做主，价格由你看着给

好特会消费俱乐部成立于 2010 年，通过团购、闪购、特卖和自主定价等各种新潮的方式进行网络售卖，为全国各大中城市白领消费者提供高品质生活消费产品及服务。它的自定价业务以"你的团购你做主，价格由你看着给"为标语吸引了大量消费群体。

虽然标榜"看着给"，但它并非完全意义上的"顾客定价"，而是一种传统的英式拍卖定价。首先由商家设定一个超低起价，在限时限量的条件下，消费者进行竞价购买。与 eBay 不同的一点是，为了杜绝恶意出价，吸引更多会友参与，每次出价时竞买人需要支付 1 元来购买出价资格，若此次出价未能成交，1 元出价权会在活动结束后返还到累计出价权中，用于下次活动时充当出价额。

这背后更重要的是，以累计出价额驱使消费者不断前来参与自定价活动，因为一个稳定的客流量或者回头客群体对于卖方来说是至关重要的。

诱导竞争出价实现价值最大化

我们很容易想到，拍卖定价使得拍卖者掌握了消费者的最高出价意愿，从而最大限度地获得了消费者剩余，实现了利润最大化。从经济学上看，这个最大化的利润是卖方得到的交易价值减去"交易成本加货币成本"的结果。两者都以货币来衡量，其中，货币成本在这里可以是拍卖者对标的物的管理费用、运输费用、固定成本等。

从商业模式角度出发，我们将买卖双方的交易过程看作一个整体，它的交易价值是指交易过程中所有利益相关者获得的价值总和，同样地，它的货币成本也是各个利益相关者付出的货币成本总和。与经济学所考虑的不同点是，在商业模式理论中，我们还需要考虑交易过程中由买卖双方创造的交易成本，比如讨价还价成本、信息不对称以及搜寻成本等。

我们将交易价值减去交易成本的所得称为价值空间，再减去货币成本之后得到最终的价值增值。一个好的定价方式或者商业模式就是能够为交易过程中的利益相关者创造最大的价值增值，也就是实现企业剩余与消费者剩余之和的最大化。用一个等式来表示就是：

价值增值 = 交易价值 − 交易成本 − 货币成本

　　　　= (交易价值 − 交易成本) / 交易价值 × 交易价值 − 货币成本

由上式可知，价值增值受到三个因素影响，分别是价值空间 / 交易价值、交易成本、货币成本。其中，商业模式理论主要关注的是"价值空间 / 交易价值"，我们将它定义为商业模式效率或乘数效应；交易价值主要体现在战略决策上，货币成本主要体现在管理控制上。

对于同一个市场而言，不同的定价方式带来的乘数效应自然也不同。这时就应该选择效率更高的定价方式。比如，同样是销售玩具，采用玩具反斗城的连锁体验式销售、拉手网的团购式销售或者 eBay 的拍卖式销售会创造截然不同的交易价值。

对于不同的市场而言，同样的拍卖定价由于乘数效应相同，会在他们之间产生相似的效率放大作用。这时，企业就应当考虑如何把这一个定价方式用在能产生更大企业价值的产品和市场中。比如，一块美味的面包和一件限量版的 T 恤，对于拍卖商、供应商还有消费者都具有较低的进入门槛，但是对前者进行拍卖，不仅要担忧消费群体的数量多少，还要考虑为保持面包新鲜度付出的运送成本等；对于后者，这两个问题都会大大简化。这也可以从经济学上进行解释，面包所处的市场更接近完全竞争，而限量版的 T 恤更可能存在于垄断市场，拍卖定价由于内在地采用了价格歧视策略，所以在垄断市场上可以获得更多的消费者剩余，赚得更大的利润。

拍卖定价的交易价值主要是指买卖双方的价值总和。其中，拍卖者从成交价格中获得商品的货币价值，竞买者竞拍成功后获得商品的使用价值以及对自身效用的满足。从这个过程来看，相比传统的定价方式，双方各自获得的价值都有所提升。

对商家来说，拍卖定价让它们把握住了不同顾客对于同一件商品不同的支付意愿，并从中攫取到这些顾客愿意支付的最高价格，即最后的成交价格。特殊地，对于慢速拍卖（自动降价机制）来说，降价幅度有一定规则，降价间隔时间相对较长，这样商家对顾客需求的变化可以有一个更准确的把握。在这个过程中，商家可以不断调整降价时点和幅度，帮助它们完善对商品的定价，进一步提升利润。比如，作为一个酒店经营者，当你发现最近的入住率在一天中的傍晚时分明显提升时，你可以将之前的下午降为半价调整为降低 1/3，然后在零点之后降为半价。最无效的结果是，顾客纷纷选择在零点时办理入住。不过只要有一个顾客还保留原有的选择，那么你就赚到了。

对顾客来说，凭借对商品不同的认知程度，以自己的意愿价位获得一件心仪的商品，无疑会让他们在欣喜的同时还略有成就感。只有顾客自愿给出的价格得到承认，才能使顾客效用得到最大满足，从而商品对于顾客的价值得以实现最大化。拍卖定价的好处就是让每一位顾客都有机会在自己的最高可承受价位上获得一件自我认可度极高的商品。

交易成本、风险下的综合效率抉择

相比现实中的拍卖市场，比如自动降价的 Syms 女装和酒店房间，网络拍卖市场面临的信息不对称问题比较严重，这更多的是由互联网本身的特性决定的。另外，买方在无法接触到实物的情况下进行交易，还需要承担因商品质量问题、不符合心理预期或者运输失误等造成的额外成本，这些都是网络购物普遍存在的问题。

拍卖定价由于存在一个卖方设置的起标价，所以由交易双方对商品信息掌握程度不一致带来的交易成本仍然存在，但是相比传统的卖方定价，这个成本要小得多。比如以 eBay 拍卖的钱币类和淘宝拍卖的书画类物品为对象进行实证研究，其统计数据显示，在网上英式拍卖中，起标价与物品的成交概率呈明显的负相关关系。也就是说，起标价定得越高，成交可能性越低。这不难理解，如果起拍价格过高，顾客对于价格的敏感度也会提升，其竞标的兴趣或者动机就会有所减弱。

在交易进行时，一个主要的交易成本就是时间成本，这一点尤其体现在网络市场中，买方为了成功拍得一件商品，需要花费足够的时间和精力进行竞价。这时，卖家则相对轻松，只要在竞价结束后处理交易订单即可，时间和精力成本都相对较低。反过来，在现实的拍卖定价中，由于整个过程持续时间较长，顾客有相对足够的时间去思考是否出价，卖家就需要持续关注顾客的竞价行为，以此来把握顾客的购买意愿，并随时决定调整价格或间隔时长。这导致卖家需要担负较高的时间和精力成本。

细细想来，整个拍卖交易的过程未尝不是一种"漫长的讨价还价"，不是买方潜在地还价（自动降价），就是卖方向买方讨价（从低到高的网络英式拍卖），双方的成交价格就是这个博弈过程的最终结果。所以和传统的定价比起来，由讨价还价产生的交易成本就要大一些。

在网络拍卖中，竞拍成功并不意味着交易已经结束，因为接下来买方还需要付出时间等待商品快递上门，卖方只有在商品被完好签收的情况下才能拿到货款，这也造成了时间方面的交易成本；而现实的拍卖市场里，买卖双方一手交钱一手交货。商品一旦成交，买方就可以立即使用商品，卖方也可以马上收到现金，所以和传统的定价一样，不存在延后收货的时间成本。所以，拍卖定价下的顾客群体范围更加有限，他们多是年轻的网络一族，并且有足够的时间和精力讨价还价。

由于拍卖定价的主线还是由买方意愿出价，所以发生卖方依靠垄断力量进行恶意欺诈的概率很小。比如一件古董可能在艺术品商店标出了"天价"以蒙蔽外行顾客，但是在 eBay 拍卖市场上，买方不仅能自主叫价，还可以互相之间交流标的物品的信息，这就大大减少了被卖方故意欺瞒造成的价格成本。不过对于网络市场的卖家来说，他们还要面临由买方挑剔的评价带来的信誉维护成本，不太好的评价有可能来自商品的质量问题，也可能是商品没有达到买家所谓的"高"预期。为此，卖方要想方设法维护并提升自己的信誉，使其达到一个边际效用最大的分值。在这个分值之上，每增加一分带来的拍卖效用的增加变得不再明显。大多数卖家选择在经营初期提供高质量的商品，同时压低起始价格，以奠定一个优良的信用评级基础，这会额外地增加它们的投入成本。

　　一个疑问可能出现了，拍卖定价的交易成本并不算少，为什么还要选择这种方式呢？因为在商业模式理论中，单纯地衡量交易价值或者交易成本的绝对值都是没有意义的。我们考量的是商业模式效率，也就是价值空间与交易成本的比值，如果这个效率是显著的，那么该模式就值得采用。

　　相比传统的卖方定价，慢速荷兰式拍卖（自动降价机制）无论是在信息掌握方面还是讨价还价方面都具有较小的交易成本，同时又具备较高的交易价值，所以价值空间有所提升；在网络市场中，拍卖相比较传统售卖，两者的信息不对称成本是等同的，但是讨价还价成本比较高。

　　这时我们来看两者的交易价值，拍卖方式下，顾客的支付意愿完全体现出来，商家可以从类似价格歧视的定价中获益，顾客可以获得竞价的满足感，因此交易价值也相对较高。在交易价值提高、交易成本增加的情况下，它的商业模式效率可能有所提升。拍卖定价拥有更大的价格弹性，双方收益的波动也更大。买卖双方完全可能为了获得超预期的收益赌上一把，如果赌赢了，交易价值就大大提升。比如一件商品的成交价格远远高于它的普通定价，给商家带来了超额利润，又或者它的成交价格远低于消费者的心理预期，为买家带去了福利，这些都显著放大了拍卖定价方式的乘数效应。

　　最后再来看一下拍卖定价包含的交易风险。在自动降价方式下，顾客很可能以便宜的价格换来的是质量同样打了折扣的商品或服务。这个风险在服务性产品中更可能发生，比如半价的酒店房间没有提供和全价一样应有的服务。网上交易虽然有双方的信誉作保证，仍然难以避免卖方违约风险。比如 eBay 的付款规则是成交之后，买方先付款，卖方后发货，那么一旦卖方违约不发货，买方虽然可以向管理层申请退款，但是花在整个交易过程中的时间和精力就白白浪费掉了。另外，虚假信誉在网上市场也屡见不鲜。如果卖家依靠造假获得高信用评级，那么买家同样可能遭受被欺诈的风险。

虽然拍卖定价没有显露出交易成本的强力优势，但同时它在交易价值上的贡献也不可小觑，所以此方式是否可以带来可观的价值增值还取决于它在不同市场条件下，与不同企业匹配所产生的乘数效应。只要企业的商业模式应用得当，拍卖定价便可借水行舟，最大限度发挥它的交易价值优势，扩大价值空间，最终提高企业的商业模式效率。

一个拍卖，无穷组合

如果不是一些纷纷扰扰的官司，也许你还不知道原来世界杯赛场还有"永久座位"。

公案：南非世界杯场馆的"永久座位"

南非世界杯期间，场馆建设出资人通过竞价获得球场的"永久座位"。

当然，出资人还得为"永久座位"支付每年几百美元的"停车费"，毕竟建成的场馆里不仅上演足球赛，也许会有明星演唱会呢！

从理论上来说，这些"永久座位"只能为出资人及其家族成员使用，但事实上，也有一些私下里的买卖："永久座位"所有者拍卖某一场的座位！

顺道一提，正是因为国际足联想要收回这些"永久座位"，才引起了与多个出资人之间的官司，否则这些"永久座位"的买卖也许还不为人知呢。

"永久座位"实质上是拍卖和停车费的组合。

我们来分析一下，"永久座位"的交易价值是很大的，毕竟顶级赛事的场馆未来很有可能举办顶级赛事。但是谁出钱建设场馆都是钱，因此对单个出资人来说，他并不具备不可替代的优势。

在交易成本方面，尽管拍卖使得成本都在出资人意愿之内，但是多出了执行拍卖的成本，因此交易成本不低。交易风险其实并不大，毕竟顶级场馆建起来了，被闲置的可能性并不大。通过这三方面的分析，相对固定的计价方式更为合理。这也是为什么把"进场费"拍卖确定后，还是采用了年费这种相对稳定的计价方式。

类似拍卖和进场费等的组合应用，还有谷歌 Award，即谷歌广告竞价系统。

公案：谷歌的广告拍卖是个组合

谷歌竞价广告的定价由四部分组成，即预付广告费、开户费、服务费及其他增值服务。

其中，开户费就是进场费，是广告商必须付出的基础成本。增值服务则是按照价值收费。服务费是广告费的 20%，也可以认为是油费。

最有意思的要数预付广告费了：谷歌实行的是不点击不付费，但是每次点击需要付出的费用是由广告商决定的，是竞价拍卖的一种。同样性质的广告，比如沃尔玛和家乐福，如果沃尔玛付出 0.5 美元 / 次，家乐福付出 0.3 美元 / 次，那么相比之下沃尔玛就能获得更好的广告位置和更高的"出镜率"。

拍卖也可以和其他的计价方式结合在一起。既然拍卖面对的是一群没有独占性但又各不相同的出价者，自然而然会使用对顾客群体的组合计价方式。但是不能忘记的是，产品本身的性质与顾客的消费行为紧密相关。因此拍卖品的性质很可能会影响与组合计价结合的拍卖方式。所以之前我们都是从独占性转移的角度进行分析，现在我们来从拍卖品本身性质进行分析。

公案：拍卖＋动态定价，铸就双十一传奇

每年双十一，淘宝都要火一把。

2012年双十一之前，淘宝就进行了一系列的预热，其中有两种拍卖形式。

一种就是最常见的"秒杀"，限时限量拍卖。

另一种就是分段计价，在一定时间内，当拍卖人数达到500人，价格就下降一档，当拍卖人数达到1 000人，再降一档。

在第一种情况下，你绝对不会浪费时间去找人广而告之，而是赶紧下手之后再到朋友圈去通风报信。在第二种情况下，你则会疯狂地到处找人一起参与拍卖，从而拉低价格。

"让顾客去销售"，这种拍卖与动态定价相结合的方式使得店家获得了无数潜在的或者被拉下水的顾客，铸就了每年双十一都热火朝天的淘宝传奇。

为什么会采用两种不同的拍卖方式？其实从它们的名字中已经可见端倪："秒杀"意味着要么是这个商品十分紧俏或者保质期/使用期限较紧急，要么是以这个价格买到这个商品十分难得。降档则意味着这个商品也许对很多顾客是可有可无的，但是仍有一定吸引力。同时，以第一、二档价格买到也许不是很有吸引力，但是以更低档价格买到就相当划算。根据产品吸引力进行分析，区分出不同的顾客，不但有利于定价方式，也有利于顾客细分和往后的营销。

再看一个无论是从拍卖品角度还是顾客角度都具备独特性的例子。

公案：你买到的价格一直是未来所有价格中最高的

也许淘宝的这两种拍卖还不够刺激，在美国倒数购买网Countdown-ToBuy.com，价格是每天降1%，无论有没有人看到这个销售信息，有

多少人看到了这个销售信息，都是匀速降价，一直到买主出价或者卖家撤回。

这种拍卖方式，自然对顾客有种特别刺激的吸引力，对商家也是：所销售的价格一直是未来所有价格中最高的！

你也许会想，那还不简单，大家一起等着最低价不就好了？这个定价模式的要点就是"不存在'大家'，只有你"。因为倒数购买网卖的不是淘宝裙子，而是房子。房子是独一无二的，你看上的也许就这一栋，你不买，没准别人就下手了。

这种定价方式就意味着，卖家总能逮到那个愿意出最高价的买主，而买主也因为付出心理成本以下的金额而满意。

其实我们回顾一下之前谈到的拍卖，这不就是典型的荷兰式拍卖吗？只是在互联网的王国里，它披上新的外衣，焕发了新的活力。

何时采取拍卖定价：稀缺性造成的强谈判能力是关键

拍卖定价的结果是价高者得，因此，稀缺性造成的谈判能力是关键，主要可以体现在以下四方面。

商品具备稀缺性，并且得到消费者认同

Syms 只在女装部实行自动降价机制的原因是，限时降价的女装显然更具稀缺性。如果你想获得一件心仪衣服的最高性价比，最好的办法可能不是在最后一次打折季购入，因为那时这件衣服可能已经不见踪影，加上女装本身的时尚性特点，一季流行之后就会变得过时，所以 Syms 的女装顿时变得十分稀有，爱美又聪明的女性自然趋之若鹜。

男性服装和儿童服装相比女装的更新速度慢很多，稀缺性特点不明

显，所以不会出现这种情况。同样地，eBay 拍卖市场网罗了全球各式各样具有独特价值的商品，比如钱币、书画、邮品、翡翠、书籍等，这些商品有新有旧，价格有贵有贱，但不变的一定是这件商品在消费者心中"独特"的地位，但是每个人对这种"特殊性"的感知和认可程度不一，所以商品产生的价值也因人而异。

商品价值的有效期短

具有一定时效价值的商品会在某段时间获得更多更集中的消费群体，随着时间的流逝这些商品会过时或者失去原有价值，主要包括时装和一些季节性较强的产品。比如旅游区的住宿型酒店，进入旅游旺季后，它对消费者的效用会明显增加。这时候酒店就可以尝试拍卖定价，以衡量众多消费者的最佳支付能力。还有一些普通的商务型酒店，相比旅游区酒店，时效性问题并不明显，但是对于它的目标顾客（主要是差旅人士）来说，在他们需要入住的时间之外，这些酒店房间对他们也会失去效用。

公案：从"看着给"到荷兰式拍卖

美国佛罗里达州的旅店业大亨哈里斯·罗森创立了该州最大的独立酒店公司，这背后的奥秘主要来自他对于独特定价策略的巧妙运用。

20 世纪 70 年代，在经营旅馆业之初，罗森就采用了"看着给"策略，他在汽车旅游业很发达的马萨诸塞州找到一些汽车旅行社，询问他们愿意付多少钱住在自己的旅馆，之后便不假思索地和这些老板签了合同。

凭借顾客定价赚得第一桶金之后，罗森顺势而上，对酒店房间实行借鉴了荷兰式拍卖的自动降价策略。在美国经济衰退期，酒店房间只要空着就会造成损失。于是罗森决定，如果在早上订房，价格就是全价，在下午订，价格降为半价。

这样做的结果是，即使在美国经济危机期间，罗森酒店的业绩依旧不减从前，入住率在几年中始终保持在 90% 以上。

需求旺盛

对于商家来说，消费者需求旺盛无疑是一件让人激动万分的事。在拍卖市场更是如此，无论是荷兰式拍卖还是英式拍卖，消费群体越大，竞价就越激烈，商家对于获得预期的成交价格就越有把握。对于消费者来说，过多的需求会让他们增加紧张感，促使他们在竞买时快速及时地做出竞价决定（这种狂热有时候会形成非理性出价，交易价值大大提升，这正是商家所期待的）。

公案：荷兰式拍卖发现股票的合理价格

对于一家有着良好知名度的企业，在首次公开发行股票（IPO）时，投资者需求之多想必不用赘述。为了打破上市公司、投行与最惠待遇者三方的非正常合作关系，发现股票的合理价格，可以通过拍卖定价进行交易。那么你认为应该采取哪一种方式，是传统英式拍卖还是荷兰式拍卖呢？

我们都知道，IPO 的股价往往会被一些投资方故意压低，在投行和它的最惠待遇者从过低的股价中赚得盆满钵满之时，受害的是一群还在想着进行价值投资的无辜散户。这时，如果采用从低到高的英式拍卖定价，后果可想而知，打算短期牟利的机构投资者在低价处大量购入股票，然后转手给希望长期持有的投资者，IPO 的合理股价因此被阻隔，个人投资者面临巨大的亏损风险，这就违背了对 IPO 企业采用拍卖定价的初衷。

有评论人士提议，治理层对于新股发行可以采用荷兰式拍卖定价方式，吸引公众投资者参与股票竞买，以改变上市公司、投行和机构投资者

"三足鼎立"的局面。竞价水平从高处开始，所有投资者一视同仁，这就避免了成交价格和最终上市价格相去甚远的结果。谷歌便采用这种方式发行了新股，它表示这样做旨在消除第一天股票价格的暴涨，而这正是中国A股市场普遍存在的现象。

卖方的信用度高

网络市场对于买卖双方，尤其是卖方信用度的考验是巨大的。用过淘宝的人都知道，每次交易结束，买家都有义务给卖家一个评价，分别为：好评、中评和差评。eBay还提供了卖方在物品描述、沟通联系、运输时间、运输费用等方面的信用评级。这些评级会直接影响到卖家的声誉以及日后的经营业绩。

同样地，在拍卖市场中，卖家的信誉度越高，拍卖成交的可能性就越大。由于买卖双方存在严重的信息不对称，如果买家支付了较高的价格却得到低质量的商品，那么下一次买家可能选择不进行交易，或者在交易时叫出一个较低的价格，这样下去卖家等于自取灭亡。

更多时候，买家不会因为看到一个或几个好评就完全信任这个卖家，而是当他的好评率达到一定范围后，比如97%以上，买家才会放心进行交易。

进一步地，如果标的物是二手品或者高档商品，买家则会更加看重卖家的信用情况。因为客观上二手品的质量参差不齐，主观上，卖家往往不会如实精准地描述物品的状况，所以卖家的信誉成了买家选购时的重要参考；而高档商品一旦出现问题就会面临比低档商品更大的损失，所以信誉问题也会更加重要。

第 7 章

组合计价（上）

—

引子：美国运通的百夫长卡反其道而行之

在 20 世纪 60 年代，使用像美国大来信用卡公司（Diner's Club）或美国运通公司（American Express）发行的信用卡支付，不仅是便利的象征，同时还是声望的象征。只有拥有一定社会地位的人才能拥有一张信用卡，而信用卡公司则通过收取年费来赚钱。

当时市场上，由于信用卡市场的扩张，竞争者通常采取的做法是调低信用卡年费标准甚至免除年费，而通过其他方式如借款利息来赚钱。但美国运通信用卡公司却与市场背道而驰，它推出一种特别的黑色信用卡——百夫长卡（Centurion），除了银行主动邀请，一般客户都无法自己申请这种信用卡。

自 1999 年发行以来，百夫长卡一直是神秘的象征，猜测究竟是谁持有百夫长卡，如何才能持有的言论充斥着人们的生活。当然，除了神秘感，百夫长卡的另一大特点就是昂贵：除去 5 000 美元的初始入会费，持卡人每年还要缴纳 2 500 美元的年费。事实证明，百夫长卡的持有人都是社会地位显赫的人。

通过这样的做法，运通公司成功地筛选出高净值客户，为增值服务的设计提供条件。

当同时面临多个消费群体或销售多种产品时，应如何定价从而使焦点企业获取最大的利润？这无疑考验企业家的智慧，组合计价解决的就是这样一类问题。

定义：组合计价

按照组合的不同方式，我们可以把组合计价分为产品组合计价和消费群体组合计价两种。产品组合计价是指当消费群体对企业产品间存在一起消费的倾向时，对产品进行组合计价，其中比较常见的有两部计价（进场费＋过路费，或者进场费＋油费）、剃须刀－刀片、反剃须刀－刀片、整体解决方案、超市货架等；消费群体组合计价是在区分不同消费者的基础上，将消费者进行一定组合提供产品，其中比较常见的有交叉补贴、批量计价、分时计价等。

值得注意的是，产品组合计价与消费者组合计价并不独立，为了方便读者理解，我们分为两章讨论，本章首先阐述产品组合计价，下一章则讨论消费者组合计价，并给出将二者结合使用的公案（见图7-1）。

组合计价	产品组合计价	两部计价（进场费+过路费，或者进场费+油费）
		剃须刀-刀片、反剃须刀-刀片
		整体解决方案
		超市货架
		……
	消费群体组合计价	交叉补贴
		批量计价
		分时计价
		……

图　7-1

产品组合计价

产品组合计价是指当消费群体对企业产品间存在一起消费的倾向时，对产品进行组合计价。

从交易价值而言，对产品组合销售，企业获得的总购买量要远远高于单独销售；从交易成本看，产品组合销售，减少了企业与消费者的讨价还价次数，降低了讨价还价成本；从交易风险来看，产品组合销售平抑了不同产品之间销售周期的起伏，能够使交易现金流更加平稳。

当然，产品组合销售也不是有百利而无一害的，最主要的交易风险来自竞争对手。由于产品组合销售是以规模经济的牺牲来换取范围经济的，如果竞争对手挑选其中一两种有利可图的产品，规模化生产进入市场，则有可能对产品组合打开一个缺口。为了阻止竞争对手，实践产品组合计价的企业就要做一些额外的商业模式安排。

两部计价

东部华侨城有两种门票：第一种相对比较贵，里面所有的项目都可以任玩；第二种比第一种便宜，但是只能玩一部分项目，项目列表之外的需要另外收钱。像第二种门票我们就称之为两部计价。

具体来说，消费者通过缴纳进场费先获得进场消费的资格（可能同时获得一部分消费的赠予），然后针对具体的消费量再收钱，类似于我们之前描述过的进场费加上过路费。公园、动物园等娱乐场所经常采取这种方式。

通过不同的进场费、过路费（油费）组合，企业可以同时锁定多个消费群体。如移动运营商设置的通信套餐，基本都是在网络"进场费"、语音通信"油费"和数据通信"油费"几个的高低费用之间进行调整，最终通话多的用户（选择通话"油费"低廉的套餐）跟短信多的用户（选择短信"油费"低廉的套餐）选择的两部计价方式自然不会一样。如果采取的是单一的两部计价，或者是统一的单一产品计价，可想而知，移动运营商的消费群体自然会大大缩小，能够获取的利润也更加有限（见图 7-2）。

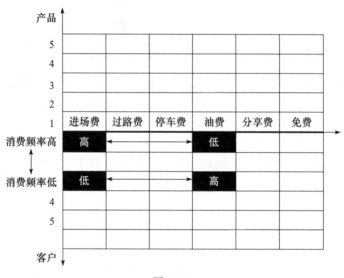

图 7-2

公案：两部计价的进场费不同设计

除了过路费与油费的灵活组合，进场费的设定也耐人寻味。

20 世纪 80 年代，在美国杂志社间盛行这样一种定价方式：广告商可采用为每笔广告付款的方式来取代每年支付的总的广告费用，之后杂志社的广告宣传效果提升了 10% ~ 40%。

这是降低进场费的方式，同样，提高进场费的方式也大有人在。

我们再来看看麦当劳和迪士尼的做法：20 世纪 60 年代，芝加哥影院连锁集团为了促进爆米花的销售，曾试图将爆米花搭配黄油或者饮料一起售卖（这实际是一种整体解决方案，具体将在本章后面小节展开）。

但最后它们发现，无论怎样人们总不会同时买两桶爆米花；很快，它们改变了策略，通过加大每桶爆米花的分量，爆米花的销售量大幅提高。

虽然有时候消费者会觉得大桶实在太过于庞大，但由于多花不了几块钱，人们还是会选择大桶。不仅如此，因吃了大桶爆米花而更易口渴的人会相应地购买更多的可乐。

既然了解了什么是两部计价，如何进行两部计价？下面我们来看一下两部计价的理论基础和适用范围。

采用两部计价的企业往往固定成本较高，而消费者持续消费的边际成本较低，因此，通过一次性的进场费获得消费资格，企业就可以收回大部分的固定成本。至于过路费或者油费，则只需在边际成本的基础上加一个比例就可以实现盈利。

当然，除了成本结构，消费者的支付意愿也会影响两部计价的具体表现形式。有的消费者消费次数比较频繁，边际消费弹性就比较大，如果在过路费上定价太高则有可能抑制消费，从而使进场费也失去吸引力，这时候就应该设置高进场费、低过路费（油费），如上文的电影院爆米花。反之，有的消费者消费次数相对较少，边际消费弹性就较低，这时候采取低进场费、高过路费（油费）也许才是适宜的，如广告支付。

公案：儿童体验园的低"进场费"思考

酷贝拉儿童体验园在长沙很火爆，开业第一年就累计接待 40 多万人次，每张门票 150 元，光门票收入就可以达到近 7 000 万元。去得多的孩子，在一年间去了 70 多次。

酷贝拉对孩子为什么会有这么大的吸引力？关键在于其具有特色的"角色扮演"设计。花 150 元，在四个小时之中，可以扮演各种你想扮演的角色：警察、医生、消防员、记者等。角色扮演出色的话，可以拿到奖励的工资，叫作酷币，可以在园区中购买东西或者存在银行，真是既好玩又有成就感！

门票占了酷贝拉收入的七成，但创始人王跃正考虑降低门票，从其他地方获利。

第一类门票外收入来自品牌植入广告，如场馆冠名权。长沙酷贝拉的62个体验馆中，有40多个被冠名，商家需要为此支付场租和冠名费。如蛋糕体验是21客冠名的，汉堡是麦当劳冠名的，银行是浦发银行，还有DG冰激凌、可口可乐等。

第二类门票外收入则来自衍生产品，园区开发、销售的玩具、纪念品、文具、饮料等均在此列。酷贝拉还在考虑推出与实体店互动的网络游戏。

这两部分收入对酷贝拉的贡献仅为三成。门票和植入广告、衍生产品，形成了很好的两部计价搭配。

王跃之所以考虑降低门票收入，就是为了获取更多的人流量，而人流量无疑是商家愿意植入广告、衍生产品能打响知名度的关键所在。

由于酷贝拉取得巨大成功，受到很多当地政府的关注。这使酷贝拉有可能降低园区的租金，还获得一些土地。王跃表示，酷贝拉计划未来覆盖全国市场，在沈阳、西安、北京等30多个城市扩张。王跃还表示，酷贝拉的门票可以降到50元，实现主要靠广告和衍生产品盈利的目标。

"剃须刀 - 刀片"与"反剃须刀 - 刀片"

最先发端于吉列的"剃须刀 - 刀片"模式，已经作为一种经典的盈利模式写入很多商学院的教材。然而，这种模式的风险却不为很多企业家所了解。

"剃须刀 – 刀片"的精髓在于通过廉价的剃须刀锁定客户，然后用高毛利的持续刀片销售获取盈利。在这里，锁定客户是前提。如果不能锁定客户的话，那这个模式就很难实现（见图 7-3）。

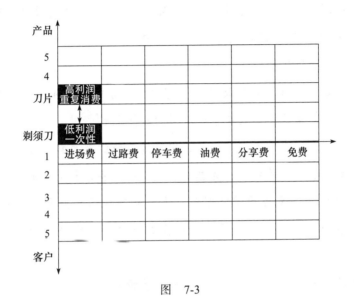

图　7-3

打个比方，如果有一家制作刀片非常好的企业只销售刀片，由于没有补贴廉价剃须刀的负担，相信这家企业的竞争力会毫不逊色于吉列。但这种企业我们至今还没碰见，那么原因不外以下几个：吉列的品牌好，别家的刀片消费者信不过；吉列的刀片质量非常好，别的企业赶不上；吉列通过某些技术手段使其剃须刀只能用吉列的刀片，其他品牌的刀片用不了……不管是哪种原因，都证明吉列的确锁定了客户。

事实上，上面的第三个原因正是利乐成功的奥秘所在。

公案：剃须刀 – 刀片，利乐成为中国乳业的最大赢家

世界"500 强"之一的瑞典利乐（Tetra Pak）公司，主要生产销售包装材料、饮料加工设备和灌装设备。

　　我们每买一盒伊利、蒙牛牛奶，利乐公司就会非常高兴，因为蒙牛、伊利都采用它的无菌纸包装，每卖出一盒牛奶，利乐就获得一份收入。

　　作为全球最大的软包装供应商，它掌控着全球75%左右的软包装市场份额。中国业务占利乐全球业务的6%，利乐公司控制了中国95%的无菌纸包装市场。自1985年利乐正式进入中国，到目前为止它已经成为中国最大的软包装供应商。

　　奇怪的是，为什么这些奶业巨头都要用利乐的包装呢？这要从蒙牛、伊利、光明等几家乳业企业斗争最激烈的时候说起。

　　早期的利乐，在进入中国之初，仅仅是传统的液态食品灌装设备供应商，目标定位非常简单明确，为客户提供灌装设备，整个产业流程包括利乐负责提供设备以及售后维修服务，下游液态食品企业利用设备进行生产。不难看出，早期的利乐通过直销模式推动灌装机的生产，从而获得利润。

　　最开始，利乐向它们销售牛奶成套灌装设备，但设备价格昂贵，一般要数百万元。由于这时候几家企业都处于竞争激烈的阶段，大部分资金都要投入到营销、销售上面，很难挤出资金来购买利乐的设备。

　　利乐适时提出了一个有吸引力的方案："80/20"的设备投资方案。客户只要付款20%，就可以安装设备，此后4年，每年订购一定量的利乐包装材料，就可以免交其余的设备款。这样客户可以用80%的资金去开拓市场，或投资其他项目，成功缩短资金运转周期！利乐的这种"捆绑"销售模式，使利乐设备迅速扩大了市场份额，成了所有乳业企业的投资首选，并且成功地把竞争对手挡在了门外。

　　这种方案采取的正是"剃须刀－刀片"盈利模式。在乳业企业所有弹药都要投入到市场争夺的时刻，利乐的方案可谓是雪中送炭，赢得了几乎所有乳业企业的拥护。

随着竞争的进一步加剧，大批乳业企业倒下，剩下的少数几家发现也只能微利甚至亏损。为了分析成本结构、控制成本支出、提升企业价值，乳业企业拿出财务报表，才惊讶地发现：最大的一块成本支出竟然是利乐的包装材料。据伊利公司年报显示，其 40% 的销售成本，都来自包装环节。

为了摆脱对利乐的依赖，有些乳业企业试图更换包装材料，这时候才发现，利乐早就做了布局。

原来，利乐通过"条形码灌装机"的专利，使其他品牌的"包装材料"无法在利乐的设备上使用（利乐包装材料上的条形码，含有最终成品的信息，当灌装机工作时，要读取其信息，来确定灌装的容量及品种），利用这种技术使客户的包装纸选择产生对利乐的"路径依赖"，改弦易张的转换成本高昂。

此时，牛奶成套灌装设备已经涨价到数千万，如果全部更换设备，乳业企业就要面临破产清算的风险。换言之，利乐的存量设备市场已经构成了其商业模式的战略不动产。没有办法，中国的乳业企业只能继续使用利乐的包装材料，源源不断地为利乐创造利润。

这样，利乐就建立了持续的盈利点，而且保护了自己的"利润流"。再到后来，随着竞争对手"康美包"的加入，利乐甚至提出了买纸送机，可见包装材料的盈利有多丰厚。

当然，利乐也给客户提供很多有价值的增值服务。例如，"生产过程追踪模型"技术甚至让竞争对手心悦诚服，不得不承认要想进入利乐的全系统解决方案控制之下的产业链真的是千难万难。原因在于，利乐为客户不仅提供能够看得见、摸得着的机器和设备，还提供全流程管理的有价值的服务，是一个全系统的解决方案，"生产过程追踪模型"可以实现产品追溯功能。如果顾客从超市买回去的一盒牛奶出现问题，那么，根据产品所存储的信息，可以将它的生产过程重新检查一遍，包括灌装、冷却、分离、混合，直至提供原奶的奶牛。这个系统可以使整个生产过程以数字化的形式存储下来，使生产过程可视化。此外，一旦产品出现差错，利用产品追溯系统，生产企业可以快速而准确地界定差错产品的责任环节以及产品范围，从而有针对性地召回差错产品，而不是当日的所有货品。这样的结果不仅为企业节约了成本，也以最快的速度消除了产品对消费者的潜在危害。这套系统的威力之处恰恰在于，基于食品企业对最敏感安全问题的考虑，它可能让液态食品生产企业对于利乐的依赖性进一步加大。

利乐利用"标志密码"技术和"生产过程追踪模型"技术为客户提供了整套生产制造系统的解决方案，从而控制整条产业链，锁定客户，占据行业领导地位。从销售设备中获取收入仅仅是利乐盈利模式的一个点，更重要的持续增长收入来源于牛奶包装材料。

在成本结构上，利乐则与环保公司合作采用循环回收的方式降低成本。在中国，巅峰期利乐公司控制95%的无菌纸包装市场，占绝对垄断地位。伊利、光明、三元等国内乳业巨头都使用利乐的无菌灌装生产线及相应的包装材料。只要这些生产线持续生产，利乐就会有源源不断的利润。

通过这样一个"剃须刀－刀片"盈利模式，利乐解决了刚开始客户设备投资占用大量资金的问题，为客户提供了独特的价值，并锁定了客户之后长时间包装材料的需求。利乐也通过连续销售包装材料，最终分享到中国奶业市场带来的长期利润增长，其收入的年增长率高达44%。

目前，利乐拥有5 000多项技术专利，并有2 800项正在研发和申请当中。利乐研发的理念在于深刻理解和不断满足用户的需求，坚持不懈地创造出富有趣味的产品。

通过创造新的行业标准锁定客户，利乐的这一做法和下文要提到的苹果公司有异曲同工之妙。

跟"剃须刀-刀片"相对应，还有一种模式就是"反剃须刀-刀片"，代表作就是苹果的 iPod（见图 7-4）。

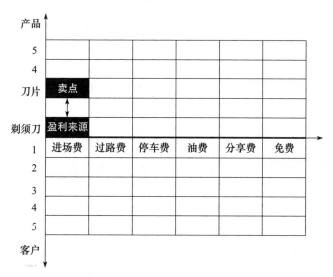

图　7-4

公案：反剃须刀-刀片，乔布斯的天才思维

iPod 最让人津津乐道的就是其 iPod+iTunes 模式，很多人都在算 iTunes 有多少首下载歌曲，为苹果公司赚取了多少钱。然而，事实上，除掉跟唱片公司的分成和苹果公司的运营成本，iTunes 在 iPod 时代并没有创造多少利润，真正赚钱的是 iPod 的销售。

换言之，乔布斯卖"刀片"是幌子，销售 iPod 这个"剃须刀"才是真正的目的。iTunes 是 iPod 的亮点，跟唱片公司的合作只是让乔布斯分摊掉了 iTunes 的运营成本，实现 iTunes 的零成本。在音乐版权严格的美国市场，iTunes 的出现，大大降低了消费者购买音乐的门槛，刺激了数字音乐市场的繁荣，拯救了一大批唱片公司，而作为 iTunes 的黄金搭档，iPod 大卖特卖也就在情理之中了。

中国市场的经历在很大程度上就反映了这一点。尽管 iPod 的设计受到很多苹果发烧友的青睐，但平心而论，消费者对 iPod 的狂热远远不及后来的 iPhone 和 iPad。除了品牌的积累，另外很大的一个原因就是，只有音乐商店的 iTunes 可被替代性很强，iPod 跟其他 MP3 相比并没有太大的优势。而加上了应用软件商店（App Store）的 iTunes 却是很难被替代的，因此，在中国市场，iPhone、iPad 的生命力就远远超过 iPod。

反"剃须刀 - 刀片"而行之，从刀片作为卖点、靠剃须刀盈利，到最终实现剃须刀和刀片的同时厚利，乔布斯不愧是商业奇才。乔布斯是如何锁定客户的呢？创造行业标准！当越来越多的客户习惯从 iTurns 上下载音乐的时候，客户黏性就形成了。通过创造行业标准攫取超额利润，苹果与绿山咖啡殊途同归，只是绿山咖啡用"刀片"（K 杯）创造行业标准，苹果用"剃须刀"创造行业标准而已。二者的最终目的都是锁定客户，让盈利模式能够成功执行。

整体解决方案

整体解决方案指的是把一系列相互配合的产品和服务搭配在一起卖给同一个客户，这些产品和服务一般来说有互补性，而对提供整体解决方案的企业来说，其提供的产品、服务未必要完全靠自身生产，也完全可以外购。

整体解决方案最先发端于 IT 市场。比如说服务器、PC 和软件，企业客户一般是同时使用的，但它们相互之间并不是完全兼容的。因此，如果从不同的品牌分别购买服务器、PC 和软件，组合起来的运营效率很多时候并不如向同个品牌购买的产品组合，整体解决方案可以给客户带来更高的交易价值。此外，与一个品牌交易跟与多个品牌交易的成本是不同的，这是很多企业客户青睐整体解决方案的另一个动因。

后来，整体解决方案的盈利模式从传统 IT 市场扩散到其他市场领域。麦当劳的"开心乐园餐"（Happy Meal）就是整体解决方案应用在餐饮领域的典型成功案例。自 20 世纪 70 年代推出来，开心乐园餐被认为是最成功的捆绑销售战略。近些年，麦当劳通过叠加麦咖啡（McCafe）进入整体解决方案进一步吸引和锁定消费群体。麦当劳发现消费者渴望在一个舒适惬意而又支付得起的地方享用一杯高品质的咖啡。

电子商务是另一个整体解决方案应用比较广泛的市场领域。

公案：亚马逊的整体解决方案让顾客省钱

2007 年，亚马逊推出了 Subscribe & Save 服务，该服务于 2012 年在中国启动，命名"订购省"。这是亚马逊针对部分日常消费品如个人护理、零食、保健食品、杂志等推出的订购服务。顾客可以为咖啡、早餐谷物、洗发精、衣物清洁剂等产品指定一定的购买数量和频率，然后亚马逊就会按照顾客指定的数量和时间间隔送去他们指定的产品。

无论商品售价多少，采用此服务都可以再额外优惠 15% 和免费送货上门。送货的频率可以选择每月一次到半年一次。付款方式可以选择货到付款或者网上账户付款，只有寄送时具体货款才会从账户中扣除。

由于选择的是人们有固定购买习惯的日用品，同时保证顾客所需要的日常用品不会某一天突然被用光，又有折扣这一给力营销，服务一经推出就受到了广大顾客的追捧。

为什么同样的东西要给出 15% 的折扣？我们来分析不定期和定期购物两种模式。

从交易价值来看，同样是满足日常需求，不定期购物目的性强，而定期购物可能由于购物惯性而过度消费。虽然差别不大，但是定期购物的交易价值可能更大。

最大的不同在于交易成本：对顾客来说，他不再需要咬着笔头苦思购物单，也不用在没有日用品的时候才抓狂地上网搜索；对于亚马逊来说，定期购物交易量更为稳定，意味着更稳定的进货量，从而也就意味着与供货商的议价能力更大。同时，时间固定也便于亚马逊合理安排物流，减少物流成本。因此，定期购物的交易成本低于不定期购物。

从交易风险来看，稳定的定期购物显然比不定期购物要低。这样看来，定期购物的价值空间巨大，至少成本节省可不只15%。

亚马逊的订购服务相当于给自己的服务组合计价：整体解决方案，同时，按照服务次数的计价也是一种"过路费"。

通过这种"主动"捆绑的方式，整体解决方案逐步在信息、软件之外的产业渗透。

那么整体解决方案的理论基础和适用范围是什么呢？

事实上，由于产品组合中的产品存在互补性，经常一并消费，合并企业客户的需求就能够实现单个产品的大规模生产或者采购。在销售端实现范围经济，在生产端或者采购端实现规模经济，整体解决方案事实上同时实现了超级集权和超级分权，这也就不难发现，为什么这个领域容易出现伟大的公司了。其中最杰出的代表当然是IBM公司，从硬件整体解决方案进化到软件整体解决方案，再到知识整体解决方案（见图7-5），铸就了IT业的不朽神话！

在其他行业，整体解决方案也有很多不同的应用。世鳌商务中心的盈利模式值得一看。

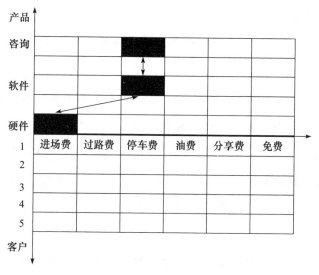

图　7-5

公案：世鳌办公室出租，为你提供一站式服务

　　有很多初创企业需要在北京 CBD 租用办公室，但传统的入驻门槛极高，起租面积至少是 300～500 平方米，每平方米月租为 400～500 元，还需要考虑行政办公配套的投资。

　　世鳌商务中心就是在这种背景下进驻北京核心商务区的。

　　世鳌在高端写字楼租下整整一层楼，整体装修后，分割成办公室区域、豪华前台大厅、各种规格的会议室、总裁办公室、可免费喝咖啡的休闲中心等。其中办公室区域大概占总面积的三四成，世鳌将其分割成独立的小型办公室，可容纳 1～10 人。每个办公室根据功能、大小配置办公设备，如大小文件柜、办公桌椅、电话、网络等。

　　客户和世鳌合作，可以实现签约立刻入住，省去租赁写字楼的谈判、装修、消防、购买办公设备等琐事，方便快捷。世鳌按照每个工位每月2 500～3 500 元的价格收取租金。综合计算，比客户自己租赁办公室节省四成左右的成本。

世鳌除了提供办公场所的租赁，还提供日常办公需要的全面行政商务，如翻译、法务、财务、人力资源、IT、私人秘书、培训等。客户需要的时候，可以单独购买这些服务包。这些服务对单个客户来说，都是规模比较小的碎片服务，但是对世鳌来说，却可以聚合起来形成有规模经济的服务包。以法务为例，单个客户采购私人律师服务，价格是 5 万元，而通过世鳌聚合之后的服务包，只需要 5 000 元，是原来价格的 10%。

世鳌还通过各种创新服务，提高客户的黏性，如晚上加班服务、免费员工打卡服务等。

对入驻世鳌商务中心的客户而言，世鳌提供的是办公室的整体解决方案——场所、行政商务、休闲，方方面面。对这些整体解决方案，世鳌提供的是可以分解服务包的定价模式，客户使用多少就付多少钱，简单、合理。

世鳌的另外一个收益来自整层租赁后分租的租金升值。世鳌与业主一般签订长租（十年，租金每三年调整一次，涨幅 5%）协议，随着近些年房租的提升，这部分价值并不低。某些地段，从世鳌入驻算起，租金已经涨了不止三倍。

世鳌的出租率达到 80% 以上，已经超过 70% 的盈亏平衡线。其客户包括国内初创型企业、外资企业驻京分公司代表处、跨国公司在中国的临时项目组。2011 年，在租客户有 2 000 多家，营业收入 1.5 亿元，毛利率 80%，世鳌计划在全国成立 100 家商务中心。

超市货架

跟整体解决方案相类似的是超市货架，但是这种模式对产品组合的内在互补性要求就没那么严格了。

公案：产品种类转换自如的超市货架

去过家乐福、沃尔玛甚至7-11的消费者都清楚，在一个超市里面，一般来说，既有熟食、食品等，也有牛奶、烟酒、糖果等。

一般来说，不同产品的毛利率是不同的，熟食、食品的毛利率较高。但是，为什么这些超级市场不会只摆熟食和食品呢？

一个主要的原因就是消费者在逛超市时，对不同产品的购买存在互补性，尽管这种互补性不如前文的整体解决方案，但是仍能够促进高毛利产品的销售。

此外，高毛利产品的消费量毕竟有限，当租金成本和货架成本固定的情况下，多余出来的销售面积只要毛利率足够高，多销售一平方米产品多一平方米的毛利。因此，超级市场一般会依照毛利率从高到低依次摆放、销售产品，从而实现利润最大化。

如果有毛利更高的产品要进入超市，只要把低毛利的产品替换掉即可，这笔支出自然比增加货架面积或者重新开一个超市的交易成本降低很多。

超市货架的其中一种变体是固定成本高而边际成本低的媒体。例如，很多报纸都有内容繁复、栏目众多的版面，但实际上，读者甲可能只需要看娱乐版，读者乙只想看体育版，读者丙只要看国际新闻，一套覆盖所有版面的报纸会受到读者甲、乙、丙的一致青睐，而对于读者来说，不感兴趣的版面直接忽略即可。各个版面之间的广告、编辑等资源可以协同运营，广告价值却由于覆盖受众的增大而扩大。跟分开发行娱乐版、体育版等单行版本报纸相比，交易成本降低很多（不会超过三者单独成本的总和），交易价值却会超过三者单独价值的总和，大大合算，如图7-6所示。

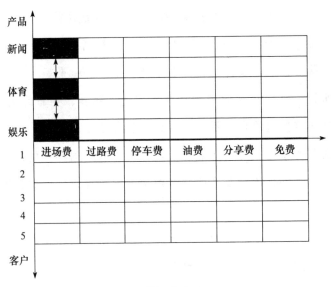

图　7-6

"超市货架"模式是否必然意味着大量的选择呢？在笔者看来，德国的阿尔迪可以给读者带来一些启发。

公案：少就是多，阿尔迪用价格战打败沃尔玛

阿尔迪（ALDI）是德国有名的连锁超市，覆盖了大约 3/4 的居民消费群体。它的价格比竞争对手便宜一到两成，某些商品甚至便宜一半。即使是以"天天平价"著称的沃尔玛，也在与它的竞争中败下阵来。2006 年，沃尔玛宣布退出德国市场。

阿尔迪为什么这么厉害？

原来，与沃尔玛大而全相比，阿尔迪坚信"少即是多"，只提供同类商品中质量最好的产品，每种商品只有一种规格的包装。为进一步保证质量，阿尔迪还和名牌的代工大厂合作，推出自己品牌的产品，因此同样的产品，阿尔迪的价格比名牌可以做到更低。在精简的情况下，阿尔迪的商品只有 1 400 种，相比之下，沃尔玛却有 15 万种。

品种下降的好处就是单个商品的销量大大提高，平均单个商品的年销售额可以达到近 4 000 万美元，等于沃尔玛的 20 倍。

品种少，而且每个分店卖的东西基本一致，货架摆设也大体相同，这样顾客买东西时对商品的位置及价格容易熟记，不用费心选择，省心、方便、快捷，很符合德国这个民族的消费风格。

在其他开店决策上，阿尔迪也奉行这种"少即是多"的经营哲学。

店面一般选择在居民区、大学校区附近或结合部，客流量有保证；一般都开小店，主流面积在 500～1 100 平方米，降低租金和水电费用的支出；每家分店只有四五名营业员，岗位并不固定，业务忙就站收银台结账，业务空闲就整理货架、清理废弃包装等。营业员的工作比较繁重，但好在待遇比竞争对手高出一两成，升迁机会也比较多。

阿尔迪在德国有近 4 000 家连锁店，大约有 75% 的德国人在这里购物。

和沃尔玛相比，阿尔迪的货物更少，从而提升了运营效率，其盈利也更为可观，但阿尔迪并不寂寞。就在沃尔玛的本土美国，有另外一家奉行"少即是多"的超市。这家超市也是在《财富》"500 强"之列，它的名字叫作乔氏超市（Trader Joe's），在全美拥有 300 多家连锁店，年销售额 80 亿美元，在"500 强"中排列约为 300 名，很多社会名流和明星都是它的忠实粉丝。

公案：平价奢华，乔氏超市低价销售精致商品

乔氏超市中每一件商品都是精心挑选的，其重要的研发支出就是支持四名采购主管去全世界各地搜罗精致的商品。因此，在乔氏超市，你可以看到很多在别的超市看不到的商品：泰国辣味腰果、手工精酿啤酒、比利时黄油华夫饼干、放山鸡生的鸡蛋等。有些是充满异域风情的奢侈食品，有些则是健康的有机食品。

因此，能够入乔氏超市法眼上货架的产品并不多，平均一家店只卖4 000种商品，对比之下，美国普通大型卖场陈列的商品一般都在5万种以上。

这么好、数量少的商品，价格如何呢？据《财富》杂志报道，像鸡蛋、牛奶等可比价的普通商品，乔氏超市比竞争对手一般价格低20%～30%。理由很简单，乔氏超市的商品销售量更大，可以从供应商那里获得更好的折扣，这和阿尔迪的逻辑是一致的。

商品种类更少，意味着运输、上架等环节更容易标准化，运营成本更低。此外，被乔氏超市看中上架的大部分美味食品，还要打上Trader Joe's的标签，并和供应商签订保密协议（这样一来，竞争对手就很难找到供货渠道了）。乔氏超市的自有品牌商品超过八成，对比之下，大部分竞争对手的自有品牌商品占比不到两成。

乔氏超市面向受过良好教育、对生活品质有较高要求但收入可能并不高的人，因此在选址时，当地消费者的教育水平是很重要的考量因素，地点也多是人群密集的市区大街，租金虽然较高，但比郊外的大卖场方便很多。

为了降低顾客的成本，乔氏超市不做广告，也不向制造商收取上架费、广告费等。乔氏超市对员工也很优待，普通店员年薪可以达到5万美元，非全职员工也有全额保险。因此，乔氏超市的员工服务态度超好。如果顾客问商品在哪儿，员工会直接带他到那里；对于顾客的反馈和自己的想法，员工也乐于通过电子邮件告知采购人员。

乔氏超市的效率令人惊叹：平均每平方米的销售额是行业平均水平的两倍。奉行"少即是多"，用平价售卖奢华食品，对顾客和员工持续关照，乔氏超市最终获得了回报。

第 8 章

组合计价（下）

—

消费群体组合计价

消费群体组合计价跟产品组合计价相比，交易成本会大幅度提升。道理很简单，跟产品组合计价相比，企业需要进一步了解消费者的需求偏好信息，这种信息获取的成本可能是不菲的。此外，由于不同消费群体购买的是同一种产品，如何防止不同群体价格的错配和防止他们之间套利也是个问题。

消费群体组合计价一方面扩大了企业的产品受众面，另一方面在不同消费群体面前掌握了定价的主动权（不同群体定价不同）。企业不但从单个消费者身上赚取了更多的钱，而且从更多的消费者身上获利，交易价值得到大大提升。

但是，与此带来的就是对不同消费群体的区隔和甄别所带来的交易成本。最大的交易风险就是不同群体与价格之间的错配，如果设计不好，原来应该支付高价的享受了低价，原来只能承担低价的却支付不起高价，只好退出市场，这就会使企业支付了区分不同群体的交易成本却没有享受到相应的交易价值，与企业设计的初衷背道而驰，得不偿失。能否以较低交易成本甄别和区分不同消费群体，正是消费群体组合计价能否成功的关键所在。在下文要涉及的交叉补贴、批量计价、分时计价，无不体现了这一点。

交叉补贴

这种计价方式多见于平台型商业模式。平台型企业会联结多个消费群体，这些群体之间存在相互吸引的特性，而且不同群体的消费能力和消费欲望是不同的。如果这里面存在两大类消费群体，一种是消费能力低、消费欲望低，另一种是消费能力高、消费欲望强。按照传统的盈利模式，对前者避之唯恐不及，对后者则趋之若鹜。但是，如果第一种消费群体达到一定规模后会吸引到大量的第二种消费群体，那么用低价甚至免费吸引第一种群体以锁定第二种群体，实现从第二种群体盈利的目的就是可行的，这就是交叉补贴。

中国最有名的互联网公司腾讯采取的正是交叉补贴（见图8-1）。聊天用户用QQ免费聊天、浏览广告；广告商家则向腾讯支付广告费用；聊天用户中一部分也是游戏爱好者，某些游戏免费，某些游戏则会给腾讯带来利润（基本服务免费，增值服务收费）。这里面，聊天用户和广告商家形成交叉补贴，免费的游戏用户和收费的游戏用户也形成交叉补贴。

值得指出的是，交叉补贴并非指在服务低价或者免费的消费群体时企业一定是亏本的，而是表示企业在不同消费群体之间获得的利润（某些群体可能是负利润）是不同的，从总的效应来看，企业需要用高利润的群体去补贴低利润的群体。

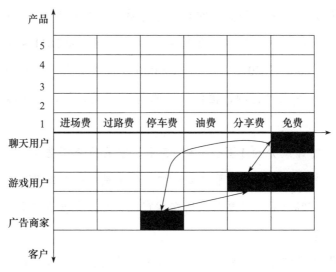

图 8-1

这种计价方式散见于各行各业，比方说，电视台要同时面对两个群体：观众和广告商家。相对广告商家而言，普通观众不管从消费能力上还是消费欲望上都大大不如。但是，观众越多，意味着广告商家发布的广告更有价值，换言之，观众群体的壮大能够大量地吸引到广告商家，所以对观众免费就成了通行的电视模式。所谓的"眼球经济"都有异曲同工之妙。很显然，这里面观众和广告商家的诉求和消费特征差别很大，不会产生错配。

公案：医评网，在医院和患者之间形成交叉补贴

医评网（HealthGrades.com）号称"医疗界的标普"，成立以来，已经为美国 5 000 多家医院、1.5 万家养老院的某一项"手术和诊断"进行评级，并每年对当年排名前 5% 的医院颁发"临床卓越奖"。

网站的评级，针对各医院所拥有的心脏搭桥手术、肺炎、颈动脉手术灯 27 种"手术和诊断"分别评定，标准是病人的死亡率与并发症的高

低。评级的数据，来源于美国联邦医疗保险和医疗补助中心（CMS）。评级结果每年更新一次，依据的是过去三年的数据。如 2011 年的评级，是根据 CMS 在 2008～2010 年记录的 4 000 万份病历进行统计得出的。整个评级过程是独立进行的，医院无法选择是否被评级，也无权参与评级过程。

医评网的评级分为 1 星、3 星、5 星。它的研究报告宣称，被评为 5 星的医院，患者的死亡风险平均要比被评为 1 星的医院低 73%，并发症的发生率也低 63%。用户只要输入所在城市，就可以免费查看到当地所有医院的评级信息。

但如果医院想要引用医评网的评级用于营销、宣传或推广，则要向医评网支付"商标使用费"。医评网还提供咨询服务，帮医院提高临床水平和医疗质量。商标使用费和咨询费，达到公司总收入占比的六成。

这种评级对患者的影响有多大？根据医评网 2010 年发布的研究报告显示，在针对 1.4 万名患者对医疗质量态度的调查中，94% 的患者表示会尽量去排名靠前的医院就诊，还有 65% 的患者甚至表示愿意支付更多的费用去高水平的医院看病。患者对高质量医疗服务的渴求，正是医评网交叉补贴盈利模式的根本所在。

网站的另一个收入是广告，广告商家主要是医疗器械公司和医药公司。医评网的某些研究报告也会出售，但在总收入中的占比较小。

医评网也发布对 93 万名医生的评价情况，以及药物评价和治疗费用等信息的对比，每年也对表现突出的医生授予"卓越手术奖"等。只是对医生的评价不如医院那么严格而已，用户只要提供邮箱就可以评价，也可以免费查看当地医生的评价情况。很多医生觉得这些评价并不准确。

2010 年，医评网被一家风险投资公司以 2.94 亿美元的价格收购，从纳斯达克退市。

交叉补贴的另一种形式是，同一个客户的不同需求之间存在互补性，这时候是针对同个客户不同需求之间的交叉补贴。

公案：交叉补贴的变体——基本业务与增值业务

在互联网上，由于群体的需求不同，这就出现了所谓的"基本业务"和"增值业务"。以 QQ 为例，通信交流的 QQ 软件是基本业务，而 QQ 秀、QQ 游戏等就是增值业务。对基本业务的消费群体免费，对增值业务的消费群体收费，或者反之；又或者基本业务低价，增值业务高价等，都是互联网可以采取的计价方式。其中的逻辑跟上文电视台的例子异曲同工。

当然，有些业务表面上是同一个业务，但是把质量、体验、速度等指标差异化，就分成"基本业务"和"增值业务"了。打个比方，同样是下载业务，迅雷的会员就可以享受比非会员更为高速的下载速度，这就通过不同的下载速度区分开了"基本业务"和"增值业务"。不同级别的会员（据说，从"列兵"到"联军司令"，一共有 55 级）享受到下载速度提速水平也不同，这就进一步把"增值业务"分开了多个档次。

有些企业面临的客户群体未必是相互吸引的，可能是相互独立的，只是为了实现某些目标而对其中一些群体补贴。

公案：慈善组织的交叉补贴

尤努斯所倡导的社会型企业慈善模式，同时面对穷人和富人。这里面穷人对富人并不具备直接的吸引力，但是对穷人免费或者低价是社会型企业的既定目标，为此就必须对富人采取达到盈利水平的计价方式。

这里面，对穷人、富人的区隔很重要。尤努斯采取的方式就是包装不同、消费环境不同等。比如，卖给穷人的酸奶采取简单的包装，而且采取更贴近乡村的渠道，卖给富人则相反。

另一个慈善组织印度亚拉文慈善眼科医院在富人、穷人的区分方式上也值得借鉴。

亚拉文医院主要面向三类客户：富人、承担得起医疗费的平民、承担不起医疗费用的穷人。亚拉文医院针对这三种客户，设立不同的医院类别，提供不同类型的服务，主要分为三种模式："付费医院""免费医院"和"医疗营"。

"付费医院"平均每天接待1 400名门诊病人，这里的一切服务都是收费的，包括会诊、治疗、手术及住院。病人既有富人，也有普通平民。收费也有差别，比如病房有6种，收费不同，既有一天1 000卢比（约155元人民币）的高级套间，也有一天50卢比（约8元人民币）的床位。

"免费医院"平均每天接待500名门诊病人，会诊和手术都免费。也有收费项目，如需要做"人工晶状体"手术的病人，需要支付"人工晶状体"的成本。

为了帮助更多穷人，消除可治愈失明，"亚拉文"派出多支医疗队，组成"医疗营"，进驻贫困地区和那些眼科医院无法覆盖的地区，与当地社区领导者和服务组织合作，提供眼科诊治医疗服务。在"医疗营"，一切都是免费的，包括将病人从医疗营转移到医院的费用。

在此三种模式之外，亚拉文还提供远程眼科网络（ATN），使得更多的人可以通过远程网络来进行医疗咨询，享受医疗服务。

与此同时，亚拉文医院还广泛地建立眼科普查营，从而建立了覆盖面广的社区医疗网。

这样一来，亚拉文医院就可以对不同质量的服务，确定不同的收费标准。富人可以高付费以换取高质量的治疗和服务，平民可以以一般水平的付费，换取大众质量的治疗和服务。免费医院和医疗营，虽然不需要付费，但是需要等待和排队，每天接诊的病人数量也非常大，所以一般只有付不起医疗费用的穷人才会光临。

这种区分会让富人和穷人对号入座，而不会产生群体和价格错配的现象。

事实上，交叉补贴的应用范围远远超过它的名字所代表的含义。一个企业可能面对多个独立的客户群体，只要他们的消费能力和消费欲望不同，企业能够以较低的交易成本将他们区分，就可以对他们分别定出最合适但是彼此不同的价格，从而攫取到最高的利润。例如，有些学术期刊杂志社同时面对图书馆和个人订户（一般是教师和学生）。由于后者的消费能力有限，只能承担低价，所以即使是同样的期刊，杂志社也会对图书馆定高价，而对个人定低价。由于这两者的订阅渠道和方式都不同，很少会存在错配的情况。设想一下，如果杂志社只能定一个价格，那么定高价则流失个人订户，定低价则降低从图书馆订户获得的利润。通过对图书馆和个人订户订立不同的价格，杂志社获得了最高利润。

当然，有的低价则以其他方式变相进行。例如，很多杂志的优惠订阅会以优惠券（或者回答调查问卷）的方式打折扣，需要剪下杂志上面的优惠券（或者填写好调查问卷）寄回到杂志社，这要耗费一定的时间和精力。只有时间成本较低的订户才会去做这样的事情，而收入较高、没空做这项工作的订户则继续接受高价。这就有效区分开了高收入和低收入人群。

批量计价

顾名思义，批量计价就是不同的批量给不同的定价。

一般情况下，批量计价是批量越大，价格越便宜。打个比方，1 个苹果 2 元，3 个苹果 5 元，否则就会出现套利情况。比如，1 个苹果 2 元，3 个苹果 7 元，那么就会出现分三次买一个苹果的反常现象：企业支付了更高的交易成本（一次交易变成三次交易），却没有得到更高的交易价值（7 元变成 6 元），这是不合算的。

批量计价的存在对供需双方都有好处：第一，对企业来说，存在规模经济，生产 2 000 个苹果的成本比生产 1 000 个苹果的成本增加少于一倍，那么，以优惠的价格销售新增加的 1 000 个苹果是有利的；第二，对消费者而言，量越多，平均价格越低，只要平均价格仍然低于消费者的心理预期，消费者就会选择批量更大的苹果。因此，批量计价无疑为供需双方创造了更高的交易价值。

从交易成本来看，批量计价降低了交易的次数，节省了交易时间，从而也节约了总的交易成本。由于不同批量需求的消费群体是不同的，因此不会出现价格和群体错配的现象（见图 8-2）。

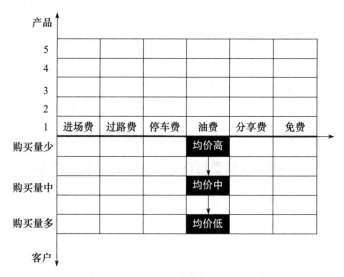

图   8-2

其实批量定价也可以从某些角度解释消费者的消费习惯，从而优化企业的消费者组合计价组合。

公案：纽约高档旅馆的两种上网价格

在纽约的高档旅馆，无线上网是要交钱的。以前都是 15 美元一晚，对很多精打细算的消费者而言并不合算，可能只是想查一查新闻，收发个邮件，15 美元一晚确实太高。

后来，旅馆推出了两种套餐：第一种，上网速度比较慢，10 美元一晚；第二种，正常的上网速度，15 美元一晚。旅馆的服务生会告诉你：如果只是收发邮件，10 美元就够了；如果想看电影，那么 15 美元更合适。这样一来，丰俭由君，很多原来对网络需求不高的房客也申请起了上网套餐：10 美元一晚。

对 15 美元的房客而言，多 5 美元，网速更快，觉得超值；对 10 美元的房客而言，不需要那么高的价格就可以享受足够速度的网络。两种用户都感觉得到了便宜。然而，最大的便宜自然来自旅馆：网络建设后，不管多少用户，固定成本是一样的，更多用户则分摊下来，每个用户的运营成本更低。增加 10 美元的用户，并不提高旅馆的成本，却提高了旅馆的网络收入。

事实上，假如以网速为批量的话，10 美元、15 美元便是对不同网速的批量定价，通过这种不同的批量定价，旅馆成功的同时锁定了两类不同特征的客户。

分时计价

分时计价是在不同的时间段给不同的定价，利用时间区隔开了不同的消费群体。不管是批量计价还是分时计价，计价对象都是同样的产品，只不过前者是批量不同，后者是时间不同。

　　对于很多产品，企业经常采取分时计价，用高价格和少供应量造成阶段性的缺货，使最铁杆的消费群体最先用最高价买到产品，次铁杆的群体次先用次高价购买，依次类推。最终，企业实现了对不同支付愿望的群体定了不同水平的价格，攫取到了最高的利润。

　　这种方式之所以能够实现，是因为在很大程度上最等不及的群体一般是最优质的消费群，他们愿意付出更高的价格去获得这种"尝鲜"的特权。像苹果的 iPad 等产品分阶段供应，就是这方面的例子。

　　即使不采取这种分时计价方式，对铁杆消费群体的吸引仍然是很有价值的。这时候，企业一般会采取补充的其他计价方式。电影院和演唱会就因此采取了不同的分时计价方式。

公案：电影院和演唱会的不同分时计价

　　电影首映式的价格一般都会高于后续的普通场票价，同样的电影，只是因为时间不同就有了不同的计价水平。

　　对电影院来说，舍得花大价钱买首映式电影票的一般都是铁杆影迷，这部分无疑是高质量的观众，不但消费能力高、消费欲望强，而且对电影的欣赏水平一般也较高。这部分影迷对电影的传播对后面消费群体的拉动是很明显的（见图 8-3）。

　　随着电影上映时间的推后，价格会逐步下降，最终降到很低廉的价格时才会去观看的观众一般都处于可争取可不争取的范围了。因此，电影圈里的人都有个共识：两周就基本决定了电影的票房。国产片票房冠军《泰囧》的火爆充分证明了这一点。

　　据媒体报道，《泰囧》自 2012 年 12 月 12 日上映，一直不断刷新各种纪录：公映首日 3 900 万元票房，创下周三上映影片最高票房纪录；2012 年 12 月 15 日全国 3.3 万场排片、9 300 万元票房、278 万次观影人次，创下国产片单日排片纪录、单日票房纪录、单日观影人数纪录；第一周票房破 3 亿元，第二周票房 3.7 亿元，第三周票房 2.68 亿元，连续刷新国产片首周、次周、第三周票房纪录；截至 2013 年 1 月 1 日，《泰囧》上映 21 天，累计票房破 10 亿元、观影人数破 3 100 万，创下国产片累计票房、观影人数最高纪录。直到 1 月 27 日最终下线，《泰囧》的总票房也没能突破 13 亿元，后半段的票房仅为前半段的 1/4，前两三周奠定了总票房。

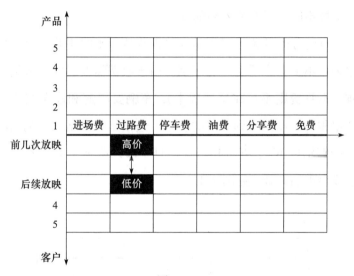

图 8-3

即使不采取这种分时计价方式，对铁杆消费群体的吸引仍然是很有价值的。这时候，企业一般会采取补充的其他计价方式（如排队）。

比如，很多演唱会除了采取分时计价吸引最优质消费群体之外，一般还会故意把价格定在歌迷支付愿望之下，因此会吸引过多的歌迷排队购买。

很多人就会问了，既然可以赚到更多的钱，何不把价格就定在歌迷支付愿望那个水平从而刚好售罄不用排队呢？其奥秘在于，这种价格空间会吸引到一部分消费能力可能不太高但是对该歌手很狂热的歌迷，歌迷的数量越多，排队的人越多，一方面为演唱会做了更好的宣传；另一方面只有最狂热的歌迷才有耐心排队，这些人到了现场会更好地点燃气氛，使演唱会更加成功。

分时计价还有可能出现在政府管制领域。

比如，在高峰期对拥挤道路实行高过路费，而在平时则实现低过路费。这样，行程不紧张的车辆就会选择低过路费的时段而拉低高峰期的波峰，起到平抑不同时段车流差距的作用。

极端一点的分时计价方式则是高峰期收费，平时不收费，这样的效果表面看起来差不多，本质上却有区别。由于收费需要时间、人员等额外的交易成本（不收费则不存在这些成本），车辆要减速和停车交费，车流会因此得到累积，反而会受到司机的质疑：这不是反而增加了拥堵吗？这时候，假如能够辅以 IC 卡直接扣费等信息手段以降低交易成本，相信政府的管制手段会更加有效（见图 8-4）。

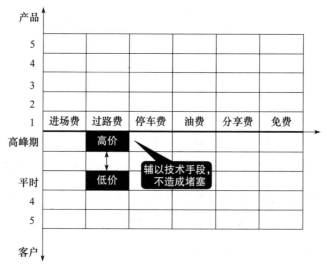

图　8-4

最极致的分时计价，来自航空公司。

公案：150 个座位，可以有至少 30 种票价

航空公司对飞机票的定价已经做到了极致，基本可以宣称：把价格设计到你刚好愿意购买的位置！

任何一天，都可以找到上万种不同票价的飞机票，即使是一架在美国两个城市间短期飞行的 150 座飞机，也可能至少有 30 种不同的票价。这些票价和很多因素有关，例如头等舱的乘客由于座位更舒适、伸腿空间更宽敞、餐食也更丰盛，因此自然要支付更高价格。但是，在诸多要素中，最重要的是时间。

那种说走就走的商务旅行和提前半年、一年就订好机票的计划旅游，绝对不是一个等级的票价。说走就走的商务旅行，需要适应快速、不断变化的商务环境，因此旅客需要能随时购买、快捷登机、方便签转、简洁退票等，而不是迁就航空公司的时刻表，价格绝对不便宜。当然，更重要的是，这种商务旅行一般都是公司的临时日程安排，也由公司买单，旅客对票价并不敏感。

对于提前半年、一年就订好机票的计划旅游，价格是最为敏感的。亚航就经常提前放票，对于半年后、一年内不同航班做一定的促销。机票预订也不是越早越好，亚航的很多机票几乎是一天一个价格，跟股票涨跌一样频繁。根据里程积分、不同时间订票，很多飞机票甚至可以免费获得。当然，为了获得更低的价格，有时候则要接受一些航空公司的额外条件，例如压缩服务项目、增加机舱座椅等。为了获得促销机票，旅客需要在网上抢购，这种抢购本身也为亚航带来了很多广告流量。

介于说走就走的商务旅行和提前半年预定的计划旅游之间，还有很多类不同的客户。根据旅客的不同特征，就可以组合出很多种票价。例如，节假日的飞机票一般比平时就要高出 10% ～ 30%，而平时订票的价格也

随着航班的临近而每天提升。这种多样化的组合甚至衍生出了专门研究航空公司飞机票定价模型的经济学课题。

随着大数据的积累，以及数据挖掘能力的提升，在未来某一天，或许航空公司真的可以针对旅客的每一个时间精确定价，那时候，可能一架150座位的飞机会有150种不同的票价。

同样有销售机票（还包括酒店、租车、游轮、旅行保险等），把分时计价与拍卖、顾客定价等结合到一起，构建出一个成功的商业模式，Priceline可算是组合不同计价方式的高手。

公案：分时计价 + 拍卖 + 顾客定价，造就全球市值最高的在线旅游公司

1998年，美国人杰伊·沃克（Jay Walker）创立了Priceline，并将其核心业务模式"Name Your Price"（用户出价）进行了专利注册（保护20年）。Priceline以独特的反向定价（C2B）模式，提供网上订购机票、酒店、租车、邮轮及旅游保险。市值达到686亿美元（截至2014年2月21日），为全球市值最高的在线旅游公司。而这一切，却仅仅是由300名员工创造出来的！

从公司业绩来看，2013年，Priceline总预订量大涨38%（Expedia只有18%），达到392亿美元，基本持平于对手Expedia（携程、艺龙模式）的394亿美元。Priceline 68亿美元的总营收超过了Expedia的47.7亿美元，净利润19亿美元更是远远地把Expedia的4.5亿美元甩在身后。从股价来看，自2009年年初开始，Priceline的股价从不到100美元迅速飙升至1 300美元，公司市值更是高达686亿美元；相比之下，Expedia的股价只有80美元，市值只有103.6亿美元（截至2014年2月21日）。

2013年，Priceline的营收达到68亿美元，较2005年实现了近8倍的增长。市值首次突破600亿美元，已经达到686亿美元，过去五年累计涨幅高达15倍。

2010 年度，美国《首席执行官》杂志评出了 2010 年度"财富创造者"，排在名单榜首的，并非人们早已耳熟能详的乔布斯和亚马逊 CEO 贝佐斯（虽然 2009 年苹果公司的 iPad 与 iPhone4 取得了超级成功），而是来自 Priceline 网站的杰弗里·博伊德，他也是科技行业 CEO 里唯一排在乔布斯前面的人！

Priceline 盈利模式的原理在于：产品越接近保质期，使用价值就越小，从机票或者酒店行业来看，临近登机或者入住的实际价值变小，一旦飞机起飞或者客房空置超过夜里 24 点价值便会为零。对于时效性商品来说，价格的动态确定是一个难题，而更换价格标签的成本，以及消费者因为不断变化的价格产生的持币待购心态，都是实施动态定价的障碍。在电子商务领域，研究者很早就发现时效性商品采用逆向拍卖的方式，可以获得比固定价格更多的期望利润。而跟超市的卖方动态定价行为相比，逆向拍卖所采用的买方动态定价，可以非常容易地解决价格确定问题（见图 8-5）。

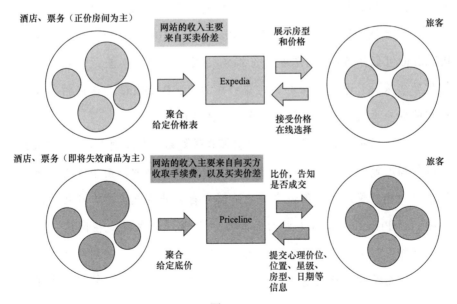

图　8-5

Priceline 网站的做法是，让消费者报出要求的酒店星级、所在城市的大致区域、日期和价格，Priceline 从自己的数据库或供应商网络中寻找到合适的价格并出售，返回一个页面告知此价格是否被接受，之后进行交易。"机票""租车""游轮""旅游保险"也包括在其业务之中。而消费者在报价时要以自己的信用卡作保证，一旦报价被接受，就必须完成交易。

尽管预订酒店或机票的消费者牺牲了某些便利性以及对产品的选择权，但换来了对星级酒店或机票 40%～60% 的折扣，足以对消费者产生巨大的吸引力。而对酒店、航空公司来说，将价值快速降低的失效产品，以合适的方式和价格销售出去，同样具有很高的价值。通过这样的反向定价模式，Priceline 为交易双方都创造了很高的价值空间。

对具有时效性的旅行产品来说，逆向拍卖模式有三个非常重要的优势。

第一，同样的品质，50% 的折扣价。由于时间因素能导致旅行产品的使用价值降低到零，且其变动成本较低，因此卖方能够出让的利润空间非常大。Priceline 上很多酒店房间的最终成交价，可以达到直接预订价格的一半甚至更低。通常，一家在 Expedia 上标价 100 美元的四星级酒店，在 Priceline 可以用 50 美元左右的价格竞拍到。这种价格差距，对于酒店产品的销售来说几乎是致命的。在盈利能力上，Priceline 的逆向拍卖模式与传统的佣金模式相比不可同日而语（见图 8-6）。

第二，保护商品品牌。逆向拍卖模式很好地保护了商业品牌。Priceline 上降价幅度最大的客房，通常是由五星级酒店提供的，豪华酒店也乐于低价销售一些空置房间，但最主要的障碍来自公开的低价对自身品牌的负面影响。而 Priceline 在这方面为品牌提供了很好的保护。在网站上，大众看不到任何报价信息，只有成功拍卖到客房产品的那一名消费者，才能够看到酒店名称和价格信息。即便在理论上说，也没有哪种销售模式能更好地保护品牌形象了。

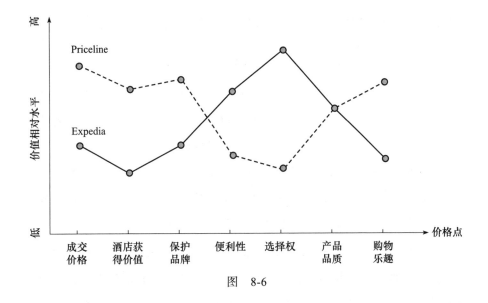

图 8-6

第三，提供购物乐趣。Priceline 为购物提供了前所未有的娱乐性与趣味性。前些年 eBay 电视广告的结尾总是这么一句："Shopping victoriously"。以 eBay 为代表的拍卖平台除了方便消费者购物之外，还能提供一种成功购物的喜悦，而 Priceline 则把这种"成就感"推到极致。网友们甚至还专门搭建了论坛，讨论 Priceline 订票攻略。

产品组合计价 & 消费者组合计价综合使用

正如上文提到的，无论是交叉补贴、批量计价还是分时计价，消费者组合计价最终的目的都是区分消费者，有针对性地定价。如果我们再深入一步，在区分开消费者之后，将每类消费者视为一个细分市场，针对每类细分市场，产品组合计价就可以派上用场。这个道理类似排列再组合：先从消费者的角度切分市场，再从产品的视角组合市场。

现在是移动互联网的时代，最主要的上网工具不是电脑，而是手机。

随着移动网络的发展，与手机上网相关的计价方式也多了起来。

公案：诸神之战——应用软件与广告的组合计价

目前，使用最广泛的手机系统无疑是苹果和安卓。如果你使用过这两种系统，那么你也许会发现，很多在 App Store 要收费的软件，比如愤怒的小鸟，在安卓是免费的。同样的产品，收费的对象却有所不同。

App Store 主要靠游戏本身的销售赚钱，包括购买游戏的进场费、游戏升级或购买关卡的油费等。如果仔细想来，这些游戏很多都是著名游戏公司外包制作的，也就是说，游戏公司拿剩余，承包公司赚固定。而游戏公司与苹果本身又是七三分成，从这个角度上来说，又是分成的计价方式了。

但是安卓的情况就不一样了，安卓本身就是一个开源的系统，因此在安卓系统下发布软件除了 5 美元的进场费几乎没有门槛。安卓软件市场上，类似软件竞争激烈，破解收费软件也是信手拈来，采取对用户收费的方式很难获得成功。比如很火的"疯狂猜图"，每当遇到猜不出来的图片时，直接上网搜就能搜到答案。哪怕是软件商采用同图不同编号，也无法阻止广大网友交流猜图心得的热情。因此安卓软件采用的都是交叉补贴，软件商的盈利来源是嵌在软件中的各种广告。通过分析下载应用的人群特点，软件还可以定向地对用户投放广告。除了 5 美元的注册费，安卓收费的另一个点就在这里：广告费分成。

作为苹果强有力的竞争者，Win8 走了和苹果类似的路线。作为收费系统，Win8 有不少付费应用，在该应用销售毛利未达 2.5 万美元之前，Win8 仍与开发商三七分成，达到 2.5 万美元后则降为二八分成。虽然 Win8 不是开源软件，但现在也是差不多，开发商只要向微软注册，并且居住在 Windows Store 支持的国家和地区，就可以发布自己开发的应用。此外，对于需要嵌入广告的应用，微软还会提供 Win8 广告 SDK，以方便将广告整合到 Win8 应用中。

我们把移动软件市场分成两大块——应用和广告，然后分析交易价值、交易成本和交易风险。

从应用的交易价值来说，无论使用哪个平台，对消费者的价值并没有很大区别。从市场份额来说，最大的是安卓，紧随其后是苹果，然后是Win8。从广告的交易价值来说，作为广告服务好手，来自谷歌的安卓无疑交易价值最大，其精准定位和广告安排能力毋庸置疑，加上六成的市场份额，广告覆盖率遥遥领先。其次是耕耘多年的苹果，最后是Win8。

从应用的交易成本来说，开源的安卓无疑交易成本最低，不开源的苹果其次，而Win8似乎还没有被程序员完全接受。从广告的交易成本来说，在开源的安卓中嵌入广告无疑最为方便。

从交易风险来说，Win8无疑风险最大，富有生命力的谷歌和耕耘多年的苹果交易风险较小。所以总的来说，安卓和苹果会更多地参与分成，而Win8则应收取固定。

我们再审视三者的情况，安卓和苹果的定价方式差别明显，符合其平台特征。而Win8凭借其在PC市场的影响力，或者是和苹果长期竞争的习惯，采用了相似的计价方式，其效果有待观察。

自从张艺谋的一部《英雄》拉开国产大片的序幕，中国的电影事业可谓一日千里，以至于现在一部小有名气的国产片票房都上亿元。那么高的制作成本都付给了谁？那么高的票房又怎么分？我们来梳理一下电影产业链的计价方式。

公案：银屏争夺战——电影产业链的价值分配

我们先来分析一下电影的上游。最基本的电影是这样的，从成本来说，剧本、工作人员（包括导演、演员等）一般都有专业的公司运作，拿的都是固定的收入。当然也不排除个别电影导演和演员等兼任制片方或投资方的情况。拍摄场地则是按照使用时长的"停车费"计价。

从交易价值来看，拍摄场地的贡献不大且是相对固定的；但是编剧、演员不同，他们对电影的最终效果影响非常大，一个好剧本、一个好演员是能够大大提高交易价值的。

从交易成本来看，拍摄场地只要选定了，价格就是固定的，除了搜索成本，没有太多讨价还价的成本。编剧和演员的费用也有相对固定的市场价，搜索成本可能因为选角很高，但是讨价还价成本不高。

从交易风险来看，拍摄场地基本没有影响，而编剧、演员等人为因素占主要，相对来说交易风险更大。

这样分析来说，编剧和演员都应该享有固定之外的分成。但此时我们还要考虑编剧、演员的不可替代性与电影制作公司的地位。对于地位高的电影制作公司，可以请到很多演员，因此演员及编剧的不可替代性并不高。但是大牌编剧及明星显然具有不可替代性，怎么他们还是多数拿了固定呢？因为在娱乐圈还存在一种叫"行情"的标准。明星是要在最短的时间内提高自己的行情来赚钱的，如果以票房分成的方式计价，明星的"出场费"就会一片混乱，对于风险规避的明星而言不是好事。此外，明星多是有经纪公司的，经纪公司从明星的收入中抽成，当然希望明星的收入尽快确定，否则后期的票房等分成还没有实现明星便换了经纪公司，或者经纪公司想换了明星，收入上很难结算。

当然，也不是没有出现过演员等工作人员参股电影的现象。中国台湾史诗电影《赛德克·巴莱》，就由于筹备时间过长、缺乏名气演员而难以继续拍摄。不少演艺圈人士，包括工作人员，都成了这部电影的"持股人"。

我们再来看看电影的下游。制作完成的电影通过院线上映，后期还有电视台及新媒体等辅助放映渠道。

从主要放映渠道看，售出的电影票中，四到五成会被影院和院线（比如美嘉、金逸等）分走，剩余的部分则为电影投资人按投资比例分成。但是电影院并不是唯一一个电影会上映的地方，不少学校（比如北京大学）、图书馆或博物馆（比如中国电影博物馆），也会有电影上映。上映的票价普遍比市场价要便宜，这就是对不同消费者采用了不同的计价方式。

再来看新媒体的放映渠道。基本上，像优酷这样的视频网站需要向电影公司缴纳版权费来换取电影下线之后的线上播放权。个别情况下，除了这份"进场费"，电影公司还会按照观看量分成"油费"。当然这种情况更常出现在唱片业，比如 KTV 每点一次歌，歌手就可以分一份版权费。

从交易价值来说，相对电影制作公司来说，影院和院线直接面对观影者，其环境设施都会影响消费者的观影感受。因此影院和院线，尤其是具有较大影响力的大型院线在交易价值上影响巨大。

从交易成本来说，由电影公司去管理电影放映时的一切细节需要一段时间的学习过程，而影院和院线多年累积的专业化经验可以达到规模效益，因此降低交易成本。

从交易风险来说，电影拍得好不好，观影效果好不好，对电影票房而言都很重要。但是院线可以选择减少不卖座电影的场次，而电影公司一旦把电影制作完成就只能听天由命，因此交易风险上电影公司更高。从以上分析来看，电影公司和院线之间应该是"固定 + 分成"的计价模式。

然而对于电视台和新媒体等电影下线后的后续收入，就中国市场而言，还处在发展阶段，交易价值和交易成本都不多，交易风险受重视程度也不高。因此主要是电影公司拿固定收益，电视台和新媒体等渠道拿剩余收益的计价模式。

除了付版权费的网上渠道，比较有意思的还有"盗版"与正版的联合：被认为是盗版之源的 P2P 文件交换工具厂商 Bit Torrent（BT）与好莱坞厂商的合作。

公案："盗版"与正版的联合

电影发行商 Cinedigm 在 BT 上免费提供正版电影《阿瑟·纽曼》前七分钟的视频，以吸引更多的观众到电影院观影或者购买正版 DVD。

事实上，该电影在 YouTube 上预告片点击播放量才 10 万次，而 BT 前七分钟下载量已经突破 100 万次。

也许你还没有意识到，P2P 网站往往是最有效的广告投放地。因为网友不是漫天撒网地浏览网页，而是有针对性地搜索相应的资源。这点虽然与谷歌异曲同工，但是 P2P 的用户更有针对性。以 BT 为例，18 ～ 35 岁，64% 为男性，正是电影发行商眼红的顾客群体。

BT 发布数据称，他们的广告"网站转换率"有 20% ～ 30%。

这样看来，电影发行商不但要收取新媒体的授权费，也可能要向新媒体支付按价值计算的"油费"——广告费。这种收入、成本交错支付的盈利模式，体现了利益相关者之间犬牙交错、盘根错节的交易关系，相信在未来的盈利模式设计中会逐渐形成主流。

第 9 章

盈利模式的综合应用

———

引子：神圣的宗教定价

如果你看过 2012 年的印度喜剧电影《偶滴神啊》（*Oh My God!*），一定会对那些带着金表的祭司们印象深刻。在主人公坎杰和祭司的官司纠纷中，透露了他们敛财的各种手段。虽然电影的本意是真诚理性地坚持宗教信仰，但我们还是可以从中看到之前提到的各种定价方式的影子。

自愿奉上的贡品既是顾客定价的典范，在有些地方也是进入宗教场所的进场费；明码标价的宗教挂画、花串，制作者享有固定，购买者获得剩余；祭司们没有定价的一次祝福或者开解，往往引得信徒争相竞价，是拍卖也是顾客定价；宗教公开活动时政府与政府的收入分成，往往也是政府请来祭司需要的进场费……也许为宗教设计定价模式是一件神圣的事，所以我们才能在宗教领域看到如此多的盈利模式创新和综合运用。

本章我们就来看看那些缤纷多彩的盈利模式综合应用。

商业地产的三国演义：万达、SOHO 中国、深国投商置

万达：商业地产"大工匠"

创立于 1988 年的大连万达集团，已形成商业地产、高级酒店、旅游投资、文化产业、连锁百货五大支柱产业。

万达自 2002 年踏上商业地产的征程，每一步都在摸索着走。经历了三代产品的升级换代，现在万达的主营业务为商业地产投资及运营管理，核心产品是在城市副中心、新开发区或新兴商圈的以"万达广场"命名的万达城市综合体，致力于打造出"一座万达广场，一个城市中心"。

什么是城市综合体呢？举个例子，2010 年 11 月，济南万达广场盛大开业，总建筑面积约 100 万平方米，总投资 60 亿元，包括大型购物中心、五星级酒店、甲级写字楼、高尚住宅等。其中，购物中心面积约 16 万平方米，引进万千百货、万达影城、大歌星 KTV、神采飞扬、国美电器、乐购超市、ZARA 七家主力店及 400 米长的室内步行街，加上总面积达 4.5 万平方米的城市步行街，形成一个综合性的现代化商业中心。济南万达广场网罗衣食住行、吃喝玩乐、商务休闲等各种生活元素，一站式满足顾客消费需求，将区域内原本落后零散的商业格局有效整合，成为济南最大的商业集群。

万达商业地产的运作分为前、中、后三个阶段。前期万达凭借与政府的良好关系拿到大块低价土地，依赖银行及麦格理私募等战略投资者融资，在开工前与国际品牌主力店签约。对自己持有物业部分，万达聘请国际一流设计公司进行设计，使业态组合规划及人流动线设计日趋成熟（见图 9-1）。

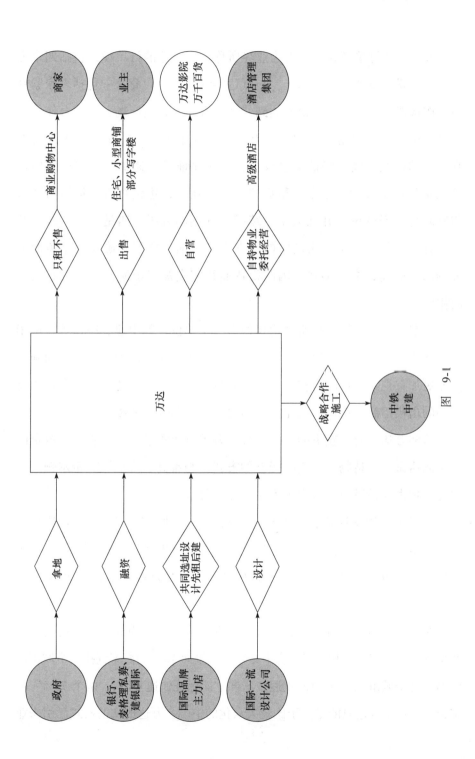

图 9-1

　　万达的"订单模式"一直为业界所称道。万达的订单模式包括四个方面。一是联合发展，共同选址。与万达签约的主力店商家中包括多家紧密型合作伙伴，双方约定无论万达到什么地方开发万达广场，这些合作伙伴都要跟随开店。二是平均租金。万达不再就单个项目的租金水平进行谈判，节约谈判时间，降低交易成本，从而保证了快速扩张、快速发展以及稳定的租金收益。三是先租后建：招商在前，建设在后。将招商环节前置降低了经营风险并加大了后续招商谈判的筹码。四是技术对接，共同设计。这保证了主力店商家的需求在开工前就能得到确定，避免商家进场后的改建，减少浪费，因此租赁面积完全被租金所覆盖，没有无效面积。

　　中期万达选择长期战略性伙伴作为施工单位，如中建、中铁等，由于万达与施工企业有战略协议，每年都能保证建筑企业的施工量，因而施工企业更加重视与万达的合作关系和资源投入。同时，万达还需对商业购物中心的出租招商并销售一些住宅、小型商铺及部分写字楼。

　　后期万达需要对旗下的万达影院、万千百货等进行营运管理，投资的高级酒店采用自持物业、委托经营的方式，与雅高、喜达屋、希尔顿、凯悦等一批世界顶级酒店管理集团建立合作关系。

　　近年来利润快速成长的万达仍在马不停蹄地扩张。2013 年万达集团实现营业收入 1 866 亿元，创造连续 8 年增长 30% 的奇迹。截至 2013 年年底，万达集团在全国开业 85 个万达广场，经营性物业持有面积达到 1 300 万平方米。

　　快速复制意味着标准化，也就是不能太有特色。为此，万达提出两个 70% 的概念，在招商和业态组合中必须保证里面 70% 的商家到哪一个城市都能够受这个城市 70% 人口的欢迎，这样才能保证快速复制。"两个 70%"的定位，决定了万达只能定位于比较大众化的中端。万达成功的模式已引来业内不少公司的模仿复制，包括宝龙、世茂等，甚至自称是业内的"小万达"。

SOHO 中国：商业地产"精品店"

　　SOHO 中国是一家专注于高档商业地产项目的公司，做的是商业地产的"精品店"。SOHO 的规模不如万达，其主要业务集中在北京以及上海的繁华地段，产品以写字楼为主，同时还有商铺以及少量的住宅。

　　SOHO 中国没有万达的政府背景和资源，在业内算是比较市场派的商业地产开发商，商业嗅觉比较灵敏，效率也比较高，它拥有业内几乎无可匹敌的资金周转率。它做项目讲究一个"快"字，SOHO 中国在项目初期都会做一个项目分析，如果一个项目不能够立马开发的话，它就会放弃，然后转向其他可立即开发的项目（见图 9-2）。

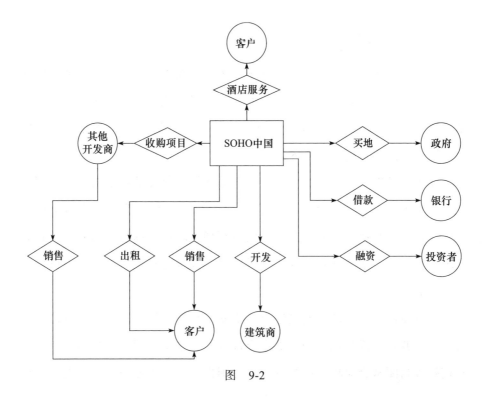

图　9-2

SOHO中国通常采取收购土地的方式获得土地储备并外包给建筑商完成开发，紧接着会迅速地将这些物业销售，令人称赞的是这些项目的销售溢价还都很高。此外SOHO中国也直接通过收购项目进行销售，较高的买卖差价给公司带来丰厚的利润。为保证投资者收益，SOHO中国也会协助其客户进行物业租赁业务。

此外，公司旗下有两个酒店品牌，"长城脚下的公社"及"博鳌蓝色海岸"，目前均由凯宾斯基负责管理。

"只售不租"虽然带给SOHO中国较高的资金使用效率和周转率，这样的弊端是无法享受后期物业升值带来的资产溢价，特别是在短期市场受到政策打压但长期看好的时候，快速出售明显不够经济，所以近年SOHO中国也开始逐步考虑将部分的物业用来出租。

深国投商置：资本市场"初级玩家"

深国投商用置业有限公司（简称深国投商置或商置）2003年4月成立于中国深圳，累计开发及管理的商业地产项目总建筑面积超过400万平方米。尤其是在2004～2006年短短三年间，商置就拿下60多个项目，所向披靡，成为商业地产行业内的传奇。

深国投商置定位于为沃尔玛及其他品牌等提供经营场地的建造、租赁业务。但与传统的商业地产开发商相比，商置更类似于一个资本市场的"初级玩家"，从物业运营模式向投资盈利模式转化，即核心由开发营建向金融运作转移，通过开发房地产项目向机构投资者和个人投资者提供投资产品（见图9-3）。

在具体运作中，商置通过银行、华润信托融资等方式获得资金，从政府拿地，并根据沃尔玛等商家的需求选址，设立全资项目子公司或者通过股权投资封闭基金对项目进行开发。深国投商置完成商业地产开发后，将

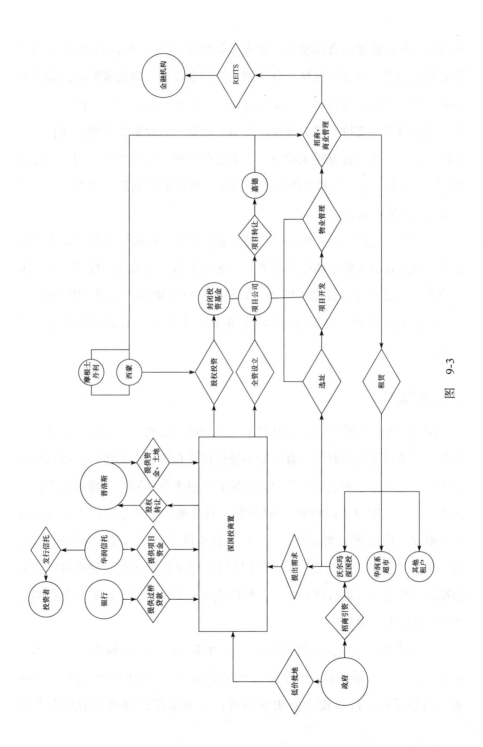

图 9-3

项目股权转让给战略合作伙伴，实现部分快速退出，获得项目开发溢价以及资金的回笼，剩余股权则可分享固定的租金收益。时机成熟时，通过在金融市场上将剩余股权出售，又获得房地产资产升值的溢价，同时为下一步开发获得资金支持。整个流程，类似于金融产品投资的投资，期初买入并持有产品，期间获得固定收益，期末将产品售出并获得资本利得。这种"地产＋商业＋金融"的商业模式使得深国投商置顺利获得开发溢价、租金收入以及资产溢价。

在商置商业模式设计中的一个特点就是让其合作伙伴以股权形式参与合作，例如其引入的战略合作者西蒙、嘉德等著名的房地产投资公司，不仅为商置的地产开发提供了资金，同时在项目后期招商管理、商业孵化、市场推广的过程中，直接贡献其丰富的经验和能力，有效地降低了交易成本。

盈利模式对比

同为商业地产的公司，却有着不一样的收入结构，有些公司通过销售物业获得项目开发的利润，有些公司通过租赁获得租金的收入，而有些更是两者兼而有之。商业地产公司的计价方式也不尽相同，最常见的方式有两种：一种是类似于商场的"进场费"，只有缴纳了这笔费用才有资格或者才被允许使用商品或服务，一次性的物业出售通常具有进场费的性质；另一种则类似于"停车费"，即按照使用的时间长短计费，物业租赁就是根据租赁期的长短进行计费的。各种模式没有好坏，完全根据各公司的禀赋和核心资源能力来确定。

万达就像一个商业地产的大工匠，每座万达广场规模都达几十到上百万平方米，囊括各种业态满足不同客户的需求；SOHO 中国要做商业地产的精品店，讲求资金的快速周转；深国投商置则充分借势资本市场，让房地产和金融水乳交融。在商业地产这一行业，拥有各异的定位，面对不同的客户群体，三家公司有不同的资源禀赋，各自都做得风生水起。

作为商业地产的老大，万达的盈利模式是比较传统的，但万达综合了地产出租和出售两种盈利方式，享受房地产开发和资产溢价双重利润。万达资金构成的核心是"以售养租"，通过项目销售部分的还款平衡投资现金流，商业持有部分的租金较低，以达到"稳定开业"的核心目标，"房地产开发补贴商业经营"的模式为当前万达集团开发模式的精髓。万达的第三代产品中，核心商业购物中心"只租不售"，随着物业的升值，万达保有了资产溢价。销售部分为项目整体比例40%～60%的住宅、写字楼和社区商业，万达从中获得开发溢价。

万达以售养租的盈利模式在出售物业部分向业主收取的便是进场费，而出租物业部分向客户收取的则是停车费。对于物业出售部分，万达采取整栋出售的方式，有效降低了交易成本。对于出租部分则采取停车费的计价模式，这是由背后的资源能力作为支撑的。万达有较强的物业运营管理能力，由万达负责后期的管理，收取停车费而不是直接将项目出售，虽然会增加交易成本，但有利于物业价值的提升，从而增加了整个系统的交易价值。

从产品组合计价方面来看，万达广场作为一个城市综合体，涵盖了写字楼、购物中心、影院、住宅、酒店等毛利率不同的产品和服务。这种超级市场货架模式与只出售或出租单一产品的模式相比，住宅、购物中心等配套设施都能为业主的生活带来更多便利，提高城市体的人气和人流量，从而也推高了商业地产的价格，增加了交易价值。对万达自身来说，其资源和运营管理能力也可以在不同业态中复制运用，也有效降低了交易成本。

对只租不售的购物中心，万达需要整合不同的商家。在招商时，万达采用的是类似交叉补贴模式。对主力店收取低于小型商铺的租金，这是因为主力店都是一些拥有国际品牌的优质用户，其对万达广场品牌的提升和后续招商都起到积极作用，通过这种组合计价方式来吸引商业资源，增加了交易价值。万达在其划分的同等级城市采用同一租金水平，也有效地降低了谈判成本。

但是 SOHO 中国走了另一个极端，其理念就是快速开发、快速销售，以保证资金的快速流转，提高资金使用效率和收益。"像卖住宅一样卖商业地产"，使得 SOHO 中国的周转率甚至堪比万科等住宅类开发商。

SOHO 中国采用一次性销售的策略，其计价方式可以归类为进场费的形式。其实 SOHO 中国之所以采用进场费的模式，而不是停车费模式，主要是因为 SOHO 中国擅长开发和销售物业，而不是去管理这些物业，因此交由专业的管理公司去管理更为合适，能够显著地降低交易成本，增加商业模式的价值。

SOHO 中国的销售普遍采用散售的模式，通过分拆出售能够满足更多的投资者的投资需求，扩大交易价值。这种模式也给 SOHO 中国带来了丰厚的利润，根据其 2012 年年报显示，2012 年公司全年实现营业额 153 亿元，同比上涨 169%，毛利率达 59%，实现净利润约 106 亿元，同比上涨约 172%。公司权益股东所占纯利约为 105.85 亿元，其净利率要远远高于同行业的平均水平。

SOHO 中国有着良好的品牌优势、强大的销售能力以及优质的客户资源，这可以保证其销售周期比较短，资金回笼较快，而且可以以较高的价格进行销售，以保证较高毛利率。这些客户资源并不是与生俱来的，而是 SOHO 中国通过给这些人提供额外服务等方式所积累的，近似于"反剃须刀－刀片"模式。因为 SOHO 中国物业的购买者的一部分是用来投资的，物业要通过出租获取收益。SOHO 中国在销售完成后还免费帮助这些投资者将物业出租，虽然提供这些服务会增加一些交易成本，但是维护住了这么一个优质的客户群体，使 SOHO 中国在二次销售时如鱼得水，能够迅速卖出更多的物业，提升了交易价值。

其实 SOHO 中国还有一种非常独特的盈利模式，那就是通过收购其他开发商的项目，然后进行包装再销售。SOHO 中国有 50% 的项目都是收购过来的，在收购之前这些项目基本都是烂尾或者停止开发的。据统计，2007 ～ 2010 年，SOHO 中国做过 12 个项目，其中 6 个是之前别的开发商留下的空置、烂尾项目。2009 年 11 月，SOHO 中国斥资 23.4 亿元收购原先 Blue Water 持有的背景物业"嘉盛中心"，收购完之后将其改名为 SOHO 嘉盛中心。之前该项目的出租率只有 30%，空置率很高。SOHO 中国收购完成后，首先将其定位转向为国内中小型企业服务，并进行销售而不是出租。在收购完仅仅两个月后，就启动了该项目的销售工作，平均售价将近原先收购价格的两倍。短短两个月的时间，就实现了 38% 的毛利率。

深国投商置的收入来源主要分为四个部分。

首先通过深国投的政府背景以及沃尔玛的品牌优势，商置往往可以以折扣价拿到地块，因此这部分土地市场价格与折扣价间的差额就是商置获得的土地溢价的价差收入。

其次，商置通过对拿到的地块的项目开发及建造，可获得开发溢价。这部分价值的实现通过项目转让实现。通过将项目的股权转让给利益相关方，获得这部分溢价收益，同时收回资金。

再次，商置开发的地产采取"只租不售"的方式获得收益，租金收入也是其盈利的主要来源之一。

最后是资产溢价，即通过持有物业，享受资产价值增值的收益。通过金融市场提供的退出渠道，就能将此部分收益成功变现。商置欲采用REITS 方式在合适的时机退出，但目前该渠道还不通畅。但商置已经成功发行过 CRCT（嘉德中国房地产信托基金），在资本市场成功收回投入资金。

商置的收入来源比较复杂，其计价方式也更为有趣。

首先，商置完全放弃了传统的"进场费"，全部收取"停车费"。前面已经提到，"停车费"的计价方式要求企业有很强的资源能力的支撑，而深国投商置自身并不具备这样的资源能力，那它为什么还要选择交易成本更高的计价方式呢？原因在于商置通过利益相关方补充了自身能力的缺失。虽然与利益相关方的合作增加了交易成本，但其所获得的交易价值的增加空间更大。

商置还有一个独特的计价方式，收取"分享费"，分享费是以产品的价值创造作为计价基础。深国投商置通过出售其项目的股权给战略投资者，按照项目价值获得项目资金，开发完成获利向战略合作者支付一部分利润分成。此外，商置也通过在二级市场上发行产品获得另一部分"分享费"，同时转让商业物业的收益权。通过将其物业的收益权细分，使得二级市场上更多的投资者可以通过投资金融产品间接投资商业地产，这就进一步拓宽了投资需求，增加了交易价值。机构投资者、个人投资者会选择不同的合作方式参与利益的分享，这样就不会发生群体和价格的错配现象。在这种"分享费"的模式设计下，商置这样专业的商业地产开发商完成地产的开发、运营，投资者通过出资享受收益的专业化分工也有效地降低了交易成本。

以下是各家企业的现金流特征，每种盈利模式下都有着自己独特的现金流结构（见表 9-1）。

表　9-1

	现金回收方式	现金流转速度
SOHO 中国	只售不租	• 不囤地，较强的开发能力、销售能力 • 直接收购其他公司项目打包出售 • 现金回收速度很快 • 资金收益率高
万达	以售养租	• 通过销售部分地产收回现金流 • 通过出租获得长期稳定收入 • 现金流周转足够支撑万达的扩张速度
深国投商置	只租不售	• 通过出售项目股权回收投入资金 • 通过资本市场退出（发行 CRCT）实现资金回收 • 资本市场退出渠道尚未健全

选秀爆点："超级女声"VS"中国好声音"

"超级女声"：拉开选秀大序幕

湖南卫视一直是地方台的娱乐先锋，快乐大本营常年是收视王道。但只有"超级女声"的一战成名，才算得上是湖南卫视的巅峰成名作，湖南卫视也因此执地方台之牛耳，直逼中央电视台的统治地位。

2003 年，湖南卫视娱乐频道模仿英国电视节目"流行偶像"（Pop Idol）主办了"超级男声"在湖南省一炮而红。2004 年，湖南卫视推出"超级女声"。2005 年，同时段收视率仅次于中央一套，平均收视率为 8.54%，平均收视份额达到 26.22%，尤其是三强对决的尖峰时刻，个别时段的市场份额最高达 49%。

"超级女声"改变了以往电视台以广告收入为主要来源的盈利结构，充分运用手机、网络等新媒体，创新了传统电视的盈利手段，并成立专门的品牌运作与衍生产品开发公司，将国内电视 / 电影品牌运作的商业模式推向成熟。

　　"超级女声"的主要推动者是蒙牛和湖南卫视。蒙牛酸酸乳、湖南卫视和"超级女声"在定位上都锁定在全国时尚的年轻人，湖南卫视利用自己强大的节目运营能力加上蒙牛渠道扩张能力，将娱乐偶像和大众平民、草根领袖联系在一起，开创了"民间选秀"的先河，让选秀深入平民的生活，调动了最广大人民的积极性。整体商业模式如图9-4所示。

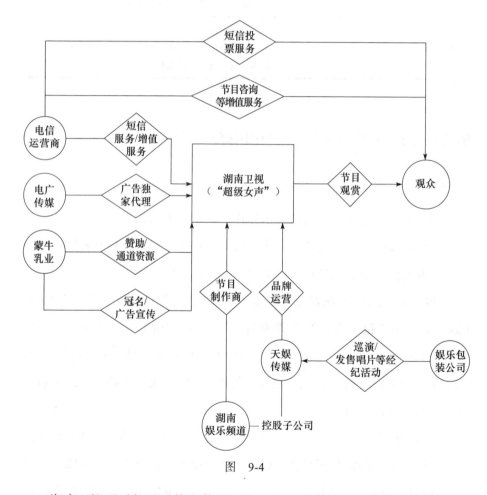

图　9-4

　　湖南卫视通过权益置换和数百万资金作为制作费用，获得经营权。

天娱传媒不分享任何节目收入，但可运作"超级女声"品牌，享受所有衍生产品收入，另外在巡演、代言等业务上与娱乐包装公司合作，提取10% 的分成。

蒙牛目标消费群与"超级女声"一致，以销售重点城市决定赛区，投放宣传产品、海报，举办迷你歌会，设立"超级女声夏令营"等。蒙牛通过竞标运作，标价 300 万元，最终 2 000 万元出手。

电广传媒独家代理广告，3 亿元以内的分成 40%，3 亿元以上的分成15%。"超级女声"的广告非常热销：广告价格 15 秒 2 万元，总决赛 4.5 万元。广告收入 3 000 万元，除 40% 代理费，电广传媒可以获利 1 800 万元。

运营商：合作伙伴 =15%：85%，湖南卫视与增值服务业提供商再对余下的 85% 分成，湖南卫视占总的 50%，增值服务提供商占 35%。每场比赛短信收入 100 万元，总决选 200 万元，7 场共 1 400 万元，总计 3 000 万元。

"超级女声"最终获得了巨大的成功。

有关报道显示，"超级女声"品牌产业链的延伸，短信、广告、冠名、代言、演出、销售、活动、影视、唱片、图书、服装、食品、玩具等产业将形成一个巨大的、长长的娱乐产业价值链，保守估计 3 年内其带动产值超过 10 亿元。

当然，这些成绩与其具备强劲的资源能力是分不开的。

以湖南卫视为核心的操盘团队具备以下三类关键资源：

观众资源。湖南卫视的收视率在同级别省级电视台处于全国前列，观众众多，具有一定的品牌号召力。

媒体资源。湖南卫视能够进行大时段、超海量、持续性的节目直播，而且几乎动用全台的力量只为宣传"超级女声"；拿出大量时段来播出

"超级女声"活动，一场 4 小时，总决选播出时间为每周五晚上 8:30 的黄金时段；从而有效地调动了下属众多有一定影响力的节目，为"超级女声"推波助澜。

经营模式。湖南卫视背后有强大的广电集团作为后盾，广电集团下属的电视频道都不局限于自己的好节目，经视、娱乐频道都会把自己的好节目奉献给卫视，使本土节目能借助湖南卫视的影响力推广到全国，形成良性互助模式。

同时具备以下三类关键能力：

优秀的制作能力。湖南卫视拥有一批优秀的节目主持人（有大量粉丝）和制作人，节目的各阶段操作充满新鲜感，海选直播、原生态表演、残酷淘汰，注入电视剧的情节效果。节目过程展现普通人到明星的过程，是名副其实的造星工场。由传统的制造娱乐，到鼓励观众参与互动娱乐，观众乐在其中。

把握市场能力。把握市场主流，精确定位，以娱乐和时尚为主，抓住年轻人的心态。

资源整合能力。整合品牌运营商、冠名赞助商、电信运营商、广告代理商等资源，充分运用手机、网络等新媒体，改变以往电视台以广告收入为主要来源的盈利结构。

"中国好声音"：用椅子转身逆袭选秀市场

"中国好声音"的诞生，缘起于"荷兰好声音"。当时浙江卫视与灿星制作公司几乎同时看中了此节目，经过一系列不为外人所知的艰难谈判和沟通，最终双方合作，引进该节目版权，实现本土化运作。

"中国好声音"第一期即达到 1.5% 的收视率，第二期跃至 2.71%，到 9 月 30 日的"巅峰时刻"，则超过了 6%。4 个月的时间，"中国好声

音"第一季十期节目 1 个亿的投入，就实现超过 3 亿元的广告费和版权销售。"中国好声音"第二季招标，加多宝出资 2 亿元拿下第二季独家冠名权。

"中国好声音"是一档歌唱选秀节目，它的出现有正本清源的意义。近些年，国内的选秀节目层出不穷，同质化现象严重，而且频频触犯观众底线。"中国好声音"新颖的节目形式（导师的椅子为他觉得满意的选手转身）和更贴近生活、朴实无华的感动迎合了观众的需求。

原版"荷兰好声音"的精心设计，为"中国好声音"奠定了成功的基础。

第一，纯音乐，好声音。"中国好声音"的原版"荷兰好声音"在给中方的产品说明书上花了 20 多页强调了"声音是节目唯一的要素"。台上没有精致的妆容，没有华丽的台服，所有的一切只与声音有关。

第二，反选秀，高门槛。与"零门槛"选秀相反，无海选，所有选手必须来源于唱片公司推荐、音乐人推荐、网站推荐等，评判权交给专业人士而不是投票海选。

第三，平等地位，"原型模式"。台上的"中国好声音"与导师有近似平等的地位。当有多个导师为这些草根选手"转椅子"时，选择权就由导师转移到选手上。观众也会情不自禁地把自己置换到舞台内的某一个角色。

引入中国后，浙江卫视和灿星制作做了一些中国式改良，使其更适应中国观众的胃口，但基本灵魂和原版"荷兰好声音"保持一致。

其商业模式可以用图 9-5 表示。

这个商业模式集合了各种优秀的资源能力：

成功的版权。"荷兰好声音"引进中国前已经在很多国家成功复制过了，有很多成熟的模板，相关经验可以参考。

本土化能力。团队在引入国外成功的娱乐节目版权、保留原版的基础上，为适应中国市场而做相应的改动方面很有经验。其中，有必要对灿星制作的背景做一个补充介绍。灿星制作是一个专业娱乐节目制作公司，灿星制作隶属于星空传媒。其运营方式为从国外买进版权到制作，"中国好声音"出自灿星制作之手。响当当的"中国达人秀""武林大会"以及"华语音乐榜中榜"均出自这个团队的精心打造。

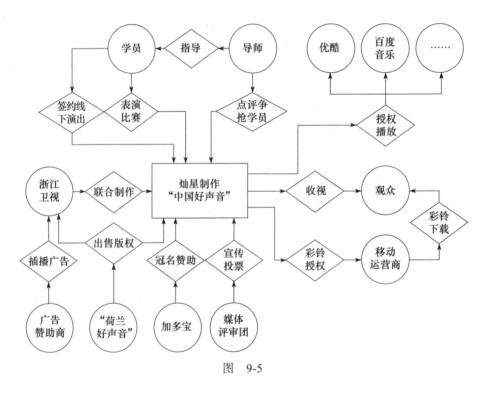

图　9-5

营销能力。"中国好声音"有效利用新媒体，践行体验式互动营销：官方微博、嘉宾微博、歌手微博、微博软文和活动的配合，充分有效地调动了网友的参与性，并形成了一种社会议题。

资本投入。灿星制作与浙江卫视共同投资，吸引冠名商大量资金投入，从而保证节目高质量：明星导师、顶尖设备、顶尖乐队。

因此，从开播开始，"中国好声音"的收视率节节攀升（见图 9-6）。

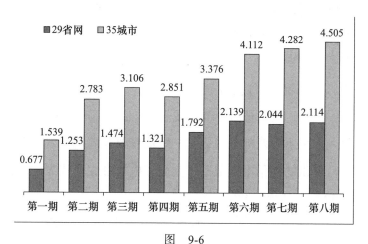

图　9-6

资料来源：CSM，29 省网 /35 城市，4+，2012 年 7 ～ 8 月。

盈利模式对比

"超级女声"的收入主要来自三部分：冠名赞助，占比 29%；广告费，占比 27%；短信收入，占比 44%（见图 9-7）。

成本支付	零可变成本	PM9	PM10	PM11
	第三方伙伴	PM6	PM7	PM8
	企业&第三方伙伴	PM3	PM4	PM5
	企业	PM0	PM1	PM2
		直接顾客	直接顾客&第三方顾客	第三方顾客
			收入来源	

图　9-7

冠名收入：该项收入采取竞标的方式运作，湖南卫视最初对冠名权的标价仅为 300 万元。蒙牛乳业集团最终以大约 2 000 万元的费用获得"超级女声"的冠名权。属于 PM11。

广告费：收视率飙升，"超级女声"的广告费一路走高。整个赛程从商业角度设计，长赛期、超长广告时间、高广告费，湖南卫视 2005 年的广告收益为 6 亿元，其中选秀类节目就占 1.5 亿元。属于 PM8。

短信收入：主要由两部分构成——短信投票和向观众发送有关"超级女声"等节目资讯的短信增值服务，突破了电视台主要依靠广告收入的旧模式。属于 PM6。

通过"超级女声"，各个利益相关者都获得了巨大的收益。

湖南卫视：冠名赞助收入 2 000 万元；广告收入 3 000 万元，除 40% 代理费，获利 1 800 万元；平均每场比赛短信收入 100 万元，总决选 200 万元，7 场共 1 400 万元，总计 3 000 万元。

天娱传媒：5 个分赛区的前 10 名选手签约，广告代言业务获益 1 000 万元；全国 10 场巡演，门票总收入超 1.5 亿元，抽取 10%，获利约 1 500 万元；发行唱片《超级女声终极 PK》，销售额达 2 500 万元，天娱传媒提 10%，约 250 万元。

蒙牛："超级女声"广告效应巨大。2005 年上半年，"酸酸乳"全国销售额同比增长 300%，全年销售收入达 25 亿元。按液态奶平均毛利率 22% 推算，企业赚取毛利润至少 5.5 亿元。

电广传媒：按 3 000 万元广告总收入计，电广传媒广告代理收入至少 1 200 万元；决赛阶段，电广传媒的股票，每股收盘价 7 元，上升约 2 元，按 6 500 万元流通股计，股市获利达 1.3 亿元；其他流动媒体也从"超级女声"广告市场中获得可观的经济效益。

电信运营商：按短信总收入 3 000 万元推算，电信运营商从"超级女

声"中获利约 900 万元，短信增值服务提供商（占收入 35%）直接获得节目收益 2 100 万元。

　　娱乐包装公司：按 10%∶90% 分成，巡演门票销售额 1.5 亿元的 90% 为 1.35 亿元；唱片销售额 2 500 万元的 90% 为 2 250 万元，共 1.575 亿元，按毛利率 50% 计算，娱乐包装公司的艺人经纪收益 7 700 万元。

　　"中国好声音"的主要收入来自彩铃下载费（PM6）、授权播放费和冠名费（PM11）、广告费（PM8）（见图 9-8）。

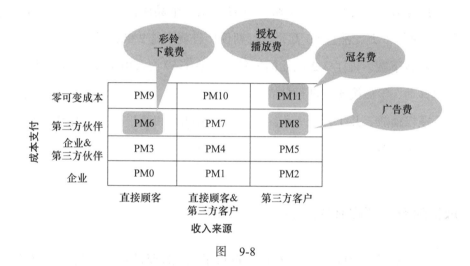

图　9-8

　　相比"超级女声"，"中国好声音"也有自己的特色：

　　对赌协议：如果节目收视率在一定的标准之上，将由双方共同参与广告的分成。如果节目达不到规定的收视标准，灿星制作将单方面担负广告商的损失。

　　技术入股：导师的收入模式是技术入股，把整个导师团队跟节目后期的市场开发捆绑在一起，导师在节目当中的参与和投入作为投资。

　　因此，"中国好声音"也取得了巨大的成就，用 1 亿元投入撬动了 3 亿元的回报，可称暴利。

"中国好声音"的投入包括：

国外版权费，350 万元，获得成功经验、品牌形象和成熟方案。

制作费用，8 000 万元，打造专业的制作、顶尖的乐队、顶尖的设备。遍寻优秀声音，细节精益求精。

导师出场费，0 万元。技术入股，收益分成。

产出超过 3 亿元，包括：

加多宝冠名费，6 000 万元。正宗概念"正宗好凉茶，正宗好声音"！

广告收入，2 000 万元 / 期。43 秒口播 5 个品牌广告；22 分钟广告，每 15 秒 13.6 万元涨至 50 万元。每期仅广告就收益 2 000 万元。

彩铃下载，催生 3.2 亿元的彩铃市场，彩铃收入由灿星制作、导师、中国移动、学员按比例进行分成。

授权播放，几十万元 / 家，低价授权给视频和音乐网站，有利于扩大传播范围，增加影响力。

廉价航空：节约时代之选

自 2005 年 7 月成立，春秋航空取得了让人惊叹的业绩：截至 2006 年 7 月，开航的第一个完整年实现盈利 2 000 万元，2006 年全年盈利同样超过 2 000 万元。2007 年，总营业收入达 12.3 亿元，实现盈利 7 000 多万元。2008 年，营业收入增加到 16.2 亿元，盈利 2 000 多万元，同比下降 71.4%。但在国内各大小航空公司普遍出现数十亿元甚至百亿元的亏损面前，春秋航空的表现已经可以称为杰出了。2009 年，春秋航空运力增加 40%，客座率保持 95%；营业收入 19.9 亿元，比上年增长超过两成；净利润 1.58 亿元，更是比上年大涨超过五倍。

春秋航空总裁王华在接受《航空运输世界》（*ATW*）采访时曾说："凯

勒尔（西南航空首席执行官）是我心中的偶像，在如何经营一家低成本航空公司的事情上，我从他身上学到了很多，某种意义上讲，春秋航空是美国西南航空的学生。"

那么，春秋航空真的是西南航空的学生吗？在回答这个问题之前，我们有必要去看看典型低成本航空的几家企业，对它们的商业模式先做一个巡礼。

沧海横流，方显英雄本色！我们不妨看看在经济危机寒流中的 2008 年，几家廉价航空的表现如何。

西南航空：低成本航空鼻祖

讲低成本航空，西南航空是一个绕不过去的典型。

据 2008 年财务报表，西南航空从成立的第二年至经济危机的 2008 年，已经连续 36 年实现盈利。2008 年实现利润 1.78 亿美元。同时，从 1991 年第二季度至 2008 年年底，西南航空已经实现了连续 71 个季度盈利。财报中说："鉴于 2008 年的艰难时局，公司在延续这些成就时面临的挑战是前所未有的。"

西南航空的很多开创性做法成了现在很多低成本航空仿效的对象。

航空是一个固定成本极高的行业（行业固定成本率高达 60%），因此，在美国成熟的航空市场中，中枢辐射航线模式是主流，因为其里程远，能够有效地分摊固定成本。短途航线一度被认为是无利可图的，是公路运输工具的主流市场。但西南航空颠覆了这种观点，成为世界上第一家只提供短航程、高频率、低价格、点对点直航的航空公司。西南航空的执行官赫伯·凯勒尔这样解释："我们的对手是公路交通，我们要与行驶在公路上的福特车、克莱斯勒车、丰田车、尼桑车展开价格战。我们要把高速公路上的客流搬到天上来。"

　　凯勒尔的逻辑很简单：由于短途航线比公路运输更加快捷，能够有效地吸引到大规模的乘客。大规模的乘客可以分担固定成本，照样可以盈利。是的，长途航线靠里程数分担成本，短途航线靠乘客规模分担成本。用飞机和汽车抢生意，西南航空从一开始就剑走偏锋。

　　首要是乘客规模。西南航空打出了低价的旗号。同样从洛杉矶到旧金山，西南航空的票价还不到竞争对手的1/3。绝大部分票价是其他航空公司的1/3～1/6甚至更低，西南航空票价已相当于汽车的票价。

　　光低价还不行，西南航空公司以价格敏感的短途商务与家庭旅游者为主要目标市场。这部分乘客以往大都选用公路运输出行，要和汽车竞争，西南航空就必须在运行频次上可以和前者相比。为此，西南航空安排了密集的航班。保证乘客错过一个航班之后，可以在下一小时之内就搭上同个航线的下个航班。

　　乘客可以通过电话或网络订票，到达机场服务台报出自己的姓名后就可以得到根据到达机场时间的先后打出不同颜色的卡片。乘客根据颜色不同依次登机，在飞机上自选座位。

　　依靠低票价、密集航班、点对点、方便订票、快捷登机，西南航班有了和公路运输的资本，称得上名副其实的"空中巴士"。

　　从乘客身上赚钱的能力如何呢？可以比较的另外一家公司是联合航空。以2008年为例，联合航空的可用座位里程（available seat miles，ASM）为1 358亿英里[○]，营收乘客里程（revenue passenger miles，RPM）为1 101亿英里，载客率达到81%，每可用座位里程的运营收入为12.58美分。

　　○　1英里 = 1.609千米。

与之相比，西南航空 2008 年的可用座位里程为 1 033 亿英里，营收乘客里程为 735 亿英里，载客率仅为 71.2%，每可用座位里程的运营收入仅为 10.67 美分。事实上，西南航空的载客率和每可用座位里程的运营收入长期处于联合航空之下。

整个 2008 年，西南航空在乘客上赚取收入 105.5 亿美元，而联合航空则赚取了 184.3 亿美元。

西南航空还有货运的收入。由于货运业务会增加业务的复杂度，可能造成航班延误，因此，各主要的低价航空公司往往将货运业务外包。但是西南航空公司自从 1973 年起就一直从事航空货运业务，并且干得非常不错。2008 年，西南航空在货运上赚取 1.45 亿美元，比 2007 年增长超过 10%。这主要得益于美国西南航空公司的国内货运价格体系，它并没有采用传统的单一价格对应具体重量的模式，而是采取更为简便的方式计算运输价格，即将美国近 50 个州（除阿拉斯加州）划分为 7 个运输区间体系，按照从西海岸到东海岸进行依次计算。这一方面简化了计算方式；另外，采用类似快递运输的价格体系，强调相同货物在不同重量等级区间的最低价格，将传统的每票货物只有一个最低运输价格改变为每票货物存在多个最低运输价格。采取了这样的价格体系后，西南航空货物运输的竞争优势明显提升。

但是，货运，即使加上包机等其他业务，在收入中的占比也不到 5%。但是 2008 年联合航空亏损 53.5 亿美元，西南航空却盈利 1.78 亿美元。问题出在哪里？

是的，正如你所猜测，成本结构！ 2008 年，西南航空每可用座位里程的运营成本为 8.90 美分，联合航空却需要 15.40 美分。因此，近乎偏执的成本节约才是西南航空成功的原因，而这，跟它与外部、内部的利益相关者的交易结构有关（见表 9-2）。

表　9-2　　　　　　　　　　　　　（单位：美分）

西南航空（Southwest Airline）				联合航空（United Airline）			
	2008	2007	2006		2008	2007	2006
航油	3.60	2.70	2.47	航油	5.68	3.53	3.12
薪金、工资、福利	3.23	3.22	3.29	薪金、工资、福利	3.17	3.00	2.73
保养材料和维修	0.70	0.62	0.51	保养材料和维修	0.81	0.82	0.65
飞机租赁	0.15	0.16	0.17	飞机租赁	0.30	0.29	0.27
着陆费和其他租金	0.64	0.56	0.53	着陆费和其他租金	0.63	0.62	0.56
折旧及摊销	0.58	0.56	0.56	折旧及摊销	0.69	0.65	0.57
				区域分公司	2.39	2.07	1.81
				购买服务	1.01	0.95	0.80
				销售费用	0.52	0.55	0.52
				第三方销售成本	0.20	0.22	0.43
总计	8.90	7.82	7.53	总计	15.40	12.70	11.46

　　第一个利益相关者是乘客。对从事长途航线的大公司而言，乘客飞行时间较长，因此力图为乘客提供全方位的航空服务，例如餐饮、优质人员服务等。但西南航空公司视飞机为公共汽车，不设头等舱，这样可以增加飞机的座位；不打印机票，采用可以重复使用的塑料牌作为登机牌；不对号入座，缩减等候乘客的误点率；而且不提供餐食，只供应花生和饮料；不提供托运行李服务；不指定座位，先到先坐，促使乘客尽快登机；建立自动验票系统，加快验票速度。缩减这些"花边"服务可以相应减少机组和地面的服务人员，缩减大量的人力成本，并提升了飞机的周转效率。西南航空平均每架飞机的服务人员仅为 86 名，而美国其他航空公司则平均为 126 名，甚至更多。这些特色使得西南航空 70% 的飞机滞留机场的时间只有 15 分钟，而其他航空公司的客机需要一两个小时。对于短途航运而言，这节约下的一两个小时就意味着多飞了一个来回。

　　第二个利益相关者是旅行社等订票代理。西南航空不使用通用的预订系统，而是电话和网络订票，仅此每年佣金一项就节省 3 000 万美元。

　　第三个利益相关者是机场。西南航空选择有时刻、便宜的二级和区域性机场，机场能快速转场。这些机场一方面使用费用比较低，另外由于其不像大型机场那么繁忙，因此能够保证飞机的准点率。

作为航空公司，成本支出最大的无非两项：飞机和航油。

西南航空的飞机统一采购波音 737。据说，这种机型最省油。当然，为了降低成本，西南航空还购买了一部分尚未"退伍"的二手飞机（在安全期限内）。单一机型带来的好处就是内部交易成本很低：培训费用低，服务人员在飞机之间的转换成本低，维修成本、保养成本低。此外，单一带来的好处就是规模化，在合作伙伴方面，由于量大，西南航空可以享受购买飞机、维修零件的巨大折扣。

美国西南航空公司拥有的飞机数量占机队的 3/4，航空公司的维护分为两类：航线维护是实现机队快速周转的关键，而飞机大修对延长现有资产的生命周期十分重要。对于西南航空而言，控制航行周转时间无疑是核心的必要因素。西南航空的解决方案是，由公司内部负责所有的航线维护，成功地将周转时间缩短了 20%。通过外包飞机大修，引擎维护成本节约了 30% 以上，元件的维修节约了 15% 以上，"周转性"元件的维修节约了 15% 以上。

在航油的成本控制方面，西南航空可谓是专家。近年来，油价不断上升，西南航空的航油支出却一直在 30% 以下，对航油的增值保值功不可没。

在历史上，西南航空的航油保值经历了三个阶段。

第一阶段为起步阶段的 1994～1997 年。油价处于较低水平，且波动性较小，对航空公司正常运营影响甚微，西南航空尝试性、小比例开展航油保值交易，公司开始培养了航油保值风险意识，配备专业技术人才，购买专业硬件设备，以及建立制度和流程。

第二阶段为迅速发展阶段的 1998～2002 年。油价波动性明显加大，且屡次冲高接近或突破历史高位，对航空公司正常运营影响逐日加大，西南航空改变了保值策略，认识到航油保值的重要性，迅速增加航油保值力度，而且保值期限延长到三年甚至五年后，保值效果也逐渐显现，除1998年外，每年均能节省数千万甚至上亿美元航油成本。

第三阶段为成熟阶段的2003年以后。油料市场波涛汹涌，油价波动异常剧烈，频创历史新高。经过多年油价波动磨炼的航油保值团队日趋成熟，在思想认识、保值产品和保值结构的选择、保值期限和保值比例的抉择上日臻完善，保值效果让人赞不绝口，每年均能节省上亿美元航油成本，在全世界航空业中首屈一指。以2008年、2007年、2006年为例，西南航空的净利润分别为1.78亿美元、6.45亿美元和4.99亿美元，通过航油保值在航油成本中确认的税前收益分别为11.06亿美元、6.86亿美元和6.34亿美元。2009年，西南航空实现连续37年盈利，可谓是美国航空业上的一大壮举。但是，如果排除航油保值收益的影响，西南航空在很多年份都会出现亏损。

2008年，西南航空每可用座位里程的航油支出为3.6美分，相比之下，联合航空为5.68美分，光这一项就多开支了58%。这就难怪西南航空盈利，而联合航空亏损了。

捷蓝航空：拥抱IT

西南航空总经理詹姆斯·帕克曾经说过："没有哪个'模仿改进的西南航空'证明自己能从长远角度创造一种从经济上可行的企业模式。"

但这个世界上，总有例外，比如捷蓝航空。

事实上，要说明捷蓝航空和西南航空的商业模式差异并不容易，因为这差不多是一脉相承的两家公司，捷蓝航空的创始人及董事长大卫·尼尔曼本来就是西南航空的副总，可谓是西南航空的弟子。但青出于蓝而胜于蓝，原因何在？

首先在定位上，捷蓝航空定位的是中长途点对点航线，捷蓝航空总部设在纽约肯尼迪机场，主要飞行目的地有长海滩、波士顿、纽约、拉斯维加斯、奥克兰、西雅图等，这一航线网络并不包括芝加哥、亚特兰大、休斯敦、旧金山等大型航空枢纽航线，以此避免同美国大型航空公司为主导的"枢纽—辐射线"网络进行交叉。这一互补网络同时也避免了与以经营短程航线见长的美西南航空公司发生正面竞争。

假如把枢纽辐射航线模式的大航空公司的定位概括为"高票价，高体验"，西南航空的定位则为"低票价，低体验"，那么，实际上介于两者之间的捷蓝航空做的就是"低票价，高体验"。

捷蓝航空的硬件水平和服务比许多大型航空公司更为完善。捷蓝航空是全美第一家向乘客提供真皮座椅的航空公司，这不仅使人们乘坐更舒服，实际上也比布质座椅更易维护，从而降低了成本。捷蓝航空也是全美第一家给每位乘客都安装机载电视的航空公司，24 个频道使得人们在飞行途中可以欣赏篮球赛、肥皂剧和看新闻。比起其他公司来，捷蓝航空的乘客座位要宽出一英寸，行李舱也更大。尼尔曼说，如果乘客愿意接受稍高一点的价格，他还打算把每架飞机的最后一排拆掉，让大家坐得更舒服一点。捷蓝航空的飞机没有头等舱，却号称"都是头等舱"。这也就解释了捷蓝航空为什么能够连续几年高居全美最佳航空服务榜首的原因。

捷蓝航空目前拥有的飞机是全新的空中客车 A320 型。全新的飞机不仅能够吸引乘客，飞行更安全，而且维护费用也要比老飞机低 1/4 以上。由于机种单一，捷蓝航空的地勤、技术人员的培训成本也由此下降。

仔细观察就会发现，上面的这些都是固定成本稍微高一点，却几乎产生很少的边际成本。小小的投入换来大大的满意度提升，这笔买卖显然合算。

其次，在对成本的控制上，捷蓝航空比西南航空更为出色，这要归功于创始人尼尔曼的强大说服能力，从华尔街游说来的 1.3 亿美元使捷蓝航空拥有更大的行为空间。

但是，西南航空已经是控制成本的能手了，在同样的环境下，捷蓝航空真的可以做到成本更低吗？可以的，通过IT系统。

首先，实现网上订票。在捷蓝航空公司的网站上，乘客可以随时在线订票，提供的票价多数是99美元。据统计，捷蓝航空的平均票价是104美元，最低票价只有49美元。以美国西部加州的航班为例，捷蓝航空的票价比大型航空公司便宜75%，甚至比素以低价著称的美国西南航空公司还低。此外，捷蓝航空的票价没有舱等的区别，全部以单程计价，周末和旺季也很少涨价。捷蓝航空的网站简单明了，只有订票、查询等几项功能，但使用容易，乘客的使用率很高。一般大型航空公司的机票只有约10%通过公司网站卖出，捷蓝航空则有一半由此卖出。此外，使用电子机票和电子行李标签等。

其次，网络办公。在捷蓝航空，300多位服务人员在经过系统培训之后被允许在家办公，从而节省了大量的办公设施及交通费用。捷蓝航空的驾驶舱是第一家使用无纸传送信息的，飞行员和副驾驶都使用笔记本电脑来观摩电子飞行手册，进行飞机起飞前装载货物平衡计算，由此节省15～20分钟；研究开发新软件来追踪公司运营数据，使员工通过公司内部网进行共享。

此外，由于采用年轻飞行员和大量非工会成员，捷蓝航空的劳工成本在全美航空界是最低的，相当于总营业收入的25.2%，西南航空所占的比例为33.4%，而美国联合航空公司和达美航空公司则高达44%。

从表9-3中可以看出，虽然捷蓝航空在每可用座位里程的运营收入上不如西南航空，但是在每可用座位里程的运营成本控制上也强于后者。

表　9-3　　　　　　　　　　　　　　　　　（单位：美分）

对比指标	捷蓝航空				西南航空			
	2008	2007	2006	2005	2008	2007	2006	2005
每可用座位里程的运营收入	10.44	8.91	8.26	7.18	10.67	9.90	9.81	8.90
每可用座位里程的运营成本	10.11	8.38	7.82	6.98	10.24	9.10	8.80	8.05

除掉其他项（和融资成本有关），我们不妨逐项地分析西南航空和捷蓝航空的成本结构。

从表 9-4 可以看出，在员工成本和维护成本方面，捷蓝航空都明显优于西南航空。差距主要在航油和飞机租赁成本。

表 9-4

（单位：美分）

西南航空				捷蓝航空			
成本	2008	2007	2006	成本	2008	2007	2006
航油	3.60	2.70	2.47	航油	3.67	4.41	4.83
薪金、工资、福利	3.23	3.22	3.29	薪金、工资、福利	2.12	2.00	2.12
保养材料和维修	0.70	0.62	0.51	保养材料和维修	0.39	0.38	0.39
飞机租赁	0.15	0.16	0.17	飞机租赁	0.38	0.38	0.40
着陆费和其他租金	0.64	0.56	0.53	着陆费和其他租金	0.61	0.58	0.64
折旧及摊销	0.58	0.56	0.56	折旧及摊销	0.54	0.55	0.66
				销售和营销	0.46	0.50	0.47
总计	8.90	7.82	7.53	总计	8.17	8.80	9.51

飞机租赁费用之所以高于西南航空和捷蓝航空采用的是更加高档的 A320 以及均为全新飞机有关，但这带来的却是维修成本的相对低廉。假如把租赁成本和维护成本加总，二者几乎没有差别。

航油成本才是捷蓝航空目前唯一比西南航空差的地方。假如捷蓝航空能够持续提升其航油套期保值交易的水平，那么它将有可能成为西南航空最为强劲的对手。事实上，在 2008 年之前，捷蓝航空的各项主要支出总和要高于西南航空，主要原因就是航油成本远远高于后者。而 2008 年，当捷蓝航空扭转了局面，和西南航空的航油成本在同一水平线的时候，捷蓝航空的各项主要支出就低于西南航空了。

人工成本控制水平青出于蓝而胜于蓝，金融控制水平姜还是老的辣，这就是捷蓝航空和西南航空的对比。

瑞安航空：整体空中消费解决方案

瑞安航空总部位于爱尔兰，被西南航空领航人赫伯·凯勒尔称为"我所见过最好的西南航空的效仿者"。

是的，瑞安航空的成功源于十几年前奥利里与赫伯·凯勒尔在达拉斯一间牛排坊的会面，瑞安航空也因此承袭了西南航空的很多成功秘诀：统一机型、中心城市外的二级机场、高频次飞行、提高乘客和货物的周转率，同时丢掉那些"里程累积优惠"之类的鸡肋。

然而，瑞安航空不只是"西南航空模式"的复制品。

瑞安航空比西南航空实际上更为低廉。瑞安航空号称票价比主要竞争对手 Easy Jet（英国一家很著名的低价航空公司）便宜了 70%，早在 2004 年，就有 20% 的乘客免费乘坐了瑞安航空的航班。瑞安航空预计，在未来将有可能实现完全的机票免费。那么，瑞安航空会亏损吗？恰恰相反，《经济学人》给出的结论是：瑞安航空是世界上最能赚钱的航空公司！

事实上，虽然瑞安航空在整个欧洲航空旅行市场上的份额还不到 6%，但是这仅有的 6% 市场份额却带给它超过 20% 的年平均利润率，远远超过整个欧洲航空业仅有的近 6% 年平均利润率。

和西南航空、捷蓝航空相比，瑞安航空在人力成本的节约上更为高超。它的空姐身兼多职，既要在飞机起飞前核对乘客的登机号码，又要在飞机起飞后售卖餐饮和一些免税商品，等到飞机降落还要自己进行卫生打扫工作，每架飞机上的空姐只有两个，其他航空公司则一般有五个空姐，这一切无疑都大大降低了公司的成本，同时又无伤大雅。

和捷蓝航空相比，瑞安航空在网络购票的利用上更进一步。目前，瑞安航空机票的 98% 以上均为电子客票在线销售，捷蓝航空有 78% 的客票通过互联网售出，而西南航空的比例只有 59%。原来，通过代理商和预订系统，中间费用要占到 13% 的机票销售收入。现在瑞安航空开发了一个新的维护费用更低的内部预订系统，预计在几年内就能做到运行成本只占到机票销售收入的 0.66% 了，相比原来的 13%，降低了好几倍的直接销售成本。

瑞安航空的成本要比欧洲航空业平均成本低 30%，平均每个员工运送旅客的数量也高于平均水平 40%。当瑞安航空只要有过半的乘客就有钱赚时，它的竞争对手必须达到 3/4 的上座率才能勉强弥补成本，这显示出瑞安航空强大的获利能力。

不妨看看瑞安航空与西南航空的成本结构（由于瑞安航空和西南航空的目标市场不同，无法进行直接的数值对比，因此这里采取百分率占比）比较。表 9-5 显示，瑞安航空在员工成本和维护成本的支出上远远低于西南航空，而机场停机费则要高于西南航空。显然，在和机场的谈判方面，瑞安航空的力量还有待进一步提升。

表 9-5 （%）

西南航空			瑞安航空		
成本	2008	2007	成本	2008	2007
航油	40.45	34.53	航油	38.51	41.76
薪金、工资、福利	36.29	41.18	员工成本	13.89	13.65
保养材料和维修	7.87	7.93	保养材料和维修	2.76	2.53
飞机租赁	1.69	2.05	飞机租赁	3.54	3.50
着陆费和其他租金	7.19	7.16	机场及手续费	19.29	16.48
折旧及摊销	6.52	7.16	折旧	8.56	8.64
			营销及销售成本	0.84	1.43
			航线费	12.62	12.00
总计	100.00	100.00	总计	100.00	100.00

在西南航空成本控制能力比较出色的航油方面，2007 年，瑞安航空的劣势比较明显，而 2008 年，则反而比西南航空更为出色（按照百分比对比的结论）。同样的情况也发生在捷蓝航空与西南航空的对比上，这进一步证明了：西南航空的竞争优势主要来自其高超的航油套期保值金融运作能力，而原先所被世人瞩目的低成本，在后起之秀竞争对手追赶学习之

下反而不再具备优势。

除了成本控制，瑞安航空在收入来源上的创新更令人耳目一新。

第一，增值服务。瑞安航空公司在飞机上用兜售商品来取代免费发放食品，光是卖食品这一项在 2005 年就为瑞安航空赚回了 6 100 万美元。而且，如果顾客需要托运行李，那么不好意思，也需要付费。被迫交钱的还不仅是乘客，乘务人员也要自掏腰包购买制服。

打个比方，一张瑞安航空免费机票实际上可以带来多少衍生收益呢？如图 9-9 所示，假如乘客采用所有增值服务，瑞安航空最多可以收入 264 欧元[○]。

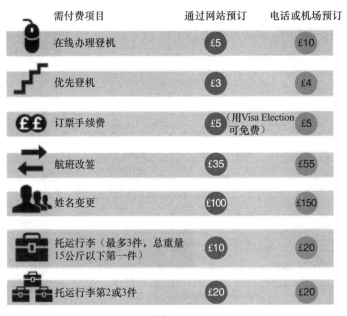

	需付费项目	通过网站预订	电话或机场预订
	在线办理登机	£5	£10
	优先登机	£3	£4
	订票手续费	£5（用Visa Election 可免费）	£5
	航班改签	£35	£55
	姓名变更	£100	£150
	托运行李（最多3件，总重量 15公斤以下第一件）	£10	£20
	托运行李第2或3件	£20	£20

图 9-9

第二，飞机上的活动。瑞安航空在飞机上开展游戏项目来吸引乘客参与并从中获利。这无疑是一大创举，既增加了旅途的趣味性也赚取了大把的金钱，同时还创造了瑞安航空的独特之处，也让瑞安航空的飞机成为爱

○ 2009 年 10 月，商学院，马新莉，瑞安航空：不要只盯着机票.

好游戏的乘客心中的首选。

第三，广告收入。这分为两部分。首先是在飞机上。瑞安航空的飞机机身上喷涂沃达丰、捷豹和赫兹租车等公司的广告。广告也会出现在机舱椅背后的托盘上，当乘客收起托盘时就能看到。在航行中，乘务人员会兜售从刮刮卡奖券到香水、数码相机等各种商品。当航班降落在某些离城市稍远的中小型机场时，瑞安航空会向乘客出售开往城区的大巴或火车票。另外一个则是网站。瑞安航空发布了机票预订网站 www.ryanair.com，并将广告销售业务外包给代理商 AdZone 公司，以求通过预订网站每年产生的 50 亿次网页点击次数获得广告收益。几乎所有的瑞安航空航班都已实现在线预订，瑞安航空计划利用这一渠道，从非旅游类产品及快速消费品牌中产生广告收益。据称，此项广告销售业务将覆盖英国，并将拓展至欧洲其他地区。瑞安航空希望借此保证提供廉价机票。

第四，移动通信服务，根据移动电话的使用情况收取佣金，使乘客们可以像是在乘坐地铁或公共汽车一样方便的打电话发信息。

2008 年，瑞安航空的衍生收入已经达到了 4.88 亿欧元，比 2007 财年大幅度增长 35%，占总收入份额也从 16% 提升到 18%。各项的收入如表 9-6 所示。

表 9-6 （单位：千欧元）

瑞安航空		
项目	2008 年	2007 年
计划内非飞行业务	334 580	241 990
汽车租赁	25 266	22 972
飞行服务	73 314	60 079
互联网收入	54 970	37 063
辅助收入	488 130	362 104
计划内收入	2 225 692	1 874 791
运营收入	2 713 822	2 236 895

当然，瑞安航空有一套相应的内部激励机制与其商业模式相容。瑞安航空的空姐在飞机内推销一些餐饮品和一些免税商品时有 10% 的提成。其机组人员都有绩效奖金，同时很多员工又持有本公司的股票，这种策略对员工的激励作用是非常明显的。所以员工们的工作热情得到极大提高，也就减少了员工偷懒的机会主义倾向，更是降低了公司对员工的监督成本，总的来说就是降低了交易费用。

尽管就目前而言，瑞安航空的规模还不够大，但是其盈利模式的复制能力和发展空间却远大于其他竞争对手，这种盈利的想象空间才是投资者所看重的。

1985 年，瑞安航空以 15 座飞机起步，业务也仅限于爱尔兰和英国。如今，它已经拥有了 250 多架飞机，并且往返于欧洲十几个国家的近百个目的地，成为欧洲市场占有率最高的航空公司。瑞安航空公司总裁奥利里也凭借公司的出色表现，在 2002 年被《商业周刊》评选为年度全球 15 位最佳经理人之一。

盈利模式对比

在这里，我们尝试用财务指标来比较同个行业中不同企业的商业模式。我们建立两个指标：收入结构近似性指数和成本结构近似性指数。

假设企业 A 和企业 B 的收入结构有 n 个共同的来源，分别表示为 $R_{a,1}$，$R_{a,2}$，…，$R_{a,n}$ 和 $R_{b,1}$，$R_{b,2}$，…，$R_{b,n}$（为了方便比较，$R_{i,j}$ 均用在总收入中的占比表示）其他不同的来源则为 $R_{a,n+1}$ 和 $R_{b,n+1}$。显然 $\Sigma R_{a,j}=1$，$\Sigma R_{b,j}=1$。

则企业 A 和企业 B 的收入结构近似性指数定义为

$$C_{rab}=\Sigma_j (R_{a,j}-R_{b,j})^2/(n+1)$$

类似地，可得到企业 A 和企业 B 的成本结构近似性指数为

$$C_{eab}=\sum_j\,(E_{a,j}-E_{b,j})^{\,2}/(n+1)$$

式中，$E_{i,j}$ 表示成本走向。

假如我们以西南航空作为中心企业，让其他航空公司与其作收入和成本结构的对比，会发现什么呢？

首先看收入结构。

2008 年，捷蓝航空、瑞安航空与西南航空的收入结构近似性指数分别为 0.003、0.019，2007 年则分别为 0.001、0.015，可见在收入结构上，捷蓝航空和西南航空并不存在很大的区别，都严重依赖于对乘客机票的收入（占比均在 90% 以上）。瑞安航空很大的一部分收入却来自衍生性收入，并且呈逐年上升趋势，2009 财年已经超过了 20%。实际上，瑞安航空对收入来源的商业模式设计正是其竞争优势的重要源泉。

再看成本结构。

2008 年，捷蓝航空、瑞安航空与西南航空的成本结构近似性指数分别为 0.002 5、0.012，2007 年则分别为 0.009、0.016，可见在成本结构上，捷蓝航空与瑞安航空相比也更接近于西南航空。这个除了均处于美国市场之外，捷蓝航空和西南航空的商业模式更为接近也是一个原因。

从毛利润率来看，2008 年，捷蓝航空、瑞安航空与西南航空的毛利润率分别为 3.2%、19.8% 和 4.2%，联合航空就不用提了，2008 年亏损。因此捷蓝航空与西南航空是同一类商业模式，都是低成本航空。而瑞安航空则开辟了一种新的商业模式，不止低成本，还创造了新的收入来源。这种商业模式的差别，直接造成了瑞安航空在毛利润率表现上优于捷蓝航空和西南航空。

那么，对于同一种商业模式，捷蓝航空和西南航空的细小差异又来自哪里呢？奥妙来自航油套期保值上。事实上，捷蓝航空的毛利润率持续低于西南航空，2008 年是差距最小的一年。而这一年，也正是捷蓝航空第一次在航油成本上与西南航空打成平手。因此，对于相同商业模式，其业绩差异主要来自对关键资源能力的掌控水平差异。

谁是春秋航空的师傅

根据第一财经披露的春秋航空 2009 年业绩，其全年利润为 1.58 亿元人民币，其中光靠成本节约就贡献 1.3 亿元人民币。根据董事长王华的介绍，现在辅助性收入在春秋航空中的占比还不到 7%，就目前而言，低成本才是春秋航空的竞争力来源，西南航空是目前春秋航空最好的师傅。

但是，王华的目标显然远高于 7%。春秋航空的未来发展目标是辅助性收入要占到 20% 以上，显然，王华的眼睛盯着瑞安航空，这种进化了的"西南航空模式"。

当然，无论是什么模式，在航空业绕不过的大头成本是航油和飞机，这点不管是西南航空还是瑞安航空都是无法回避的。事实上，商业模式更为优秀的瑞安航空在 2009 财年已经出现了亏损，很大的原因就是航油套期保值交易的失误。所以，如何控制这种大头的固定成本，仍然是摆在春秋航空等后起之秀面前的一道难题。

职业体育组织：最成功的足球俱乐部 VS 最伟大的篮球联盟

职业体育，指以某一运动项目为劳务性生产经营，围绕该项目生产开发而形成相对独立和完整的商业化经营体系。

体育产业已经成为许多经济发达国家国民经济体系中的重点产业，在国民经济体系行业排名中其产值已名列前茅，并且每年正以较高的增长率快速成长。体育产业不仅是一个新的经济增长点，而且产生了良好的结构效应。

在西方欧美国家，职业体育相当发达，在篮球、橄榄球、棒球、足球、网球、拳击、田径、赛马等项目上，均有职业体育俱乐部、职业球队或职业运动员。

这里，我们对比一下最成功的足球俱乐部和最伟大的篮球联盟的盈利模式。

曼联：最成功的足球俱乐部

曼联俱乐部在全球范围内拥有 6.59 亿支持者，2010/2011 赛季总计超过 40 亿次观众观看其比赛，平均每场次达 4 900 万人。官方网站每月超 6 000 万页面浏览量，Facebook 粉丝 2 600 万以上。曾经获得 19 次英格兰顶级联赛冠军，11 次英格兰足总杯冠军，4 次英格兰联赛杯冠军，3 次欧洲冠军杯。历史上的明星球员包括：贝斯特、查尔顿爵士、坎通纳、基恩、贝克汉姆、C 罗、鲁尼等。

曼联的商业模式是一个完整的良性循环（见图 9-10）。

首先，凭借俱乐部的声誉，通过转会费、工资、自己培养等方法获得更多有天赋的球员。曼联有全球性的球探网络、有竞争力的薪酬体系、足球学校，足以吸引全世界顶级的球星。曼联历史上，坎通纳、贝克汉姆、C 罗、鲁尼等，在其巅峰期都曾经是所在时代的金字塔球员。

其次，球员球场上出色的表现，赢得更多的比赛奖金、门票以及转播权分成收入（见图 9-11）。以联赛为例，根据英超的规定，联赛转播净收入按照以下比例分配：25% 按联赛最终排名分配，50% 由俱乐部间平均分配，25% 按转播场次分配。欧冠转播及赞助收入的 75% 也分配给参赛队伍，包括两部分：固定奖金池（根据参加表现的奖金 / 淘汰赛奖金）、市场奖金池（电视转播价值，50% 根据前一年联赛表现分配，50% 根据欧冠场次比例分配）。考虑到曼联常年雄踞英超榜首，欧冠成绩也一直稳居欧洲豪门之列，在全世界有 6.6 亿球迷，这些收入一直高企（见图 9-11、图 9-12）。

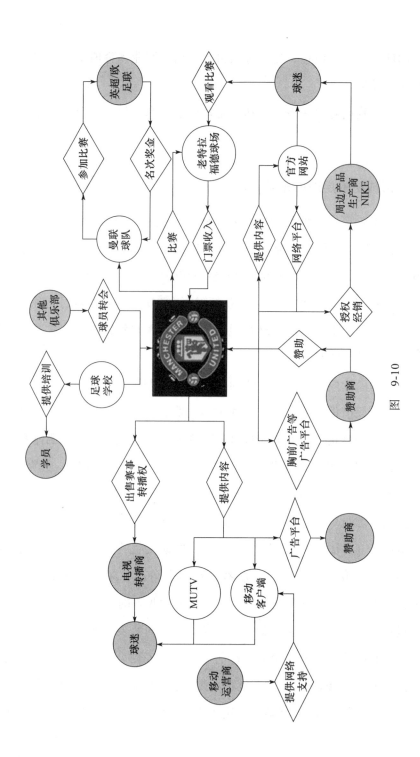

图 9-10

单位：百万英镑

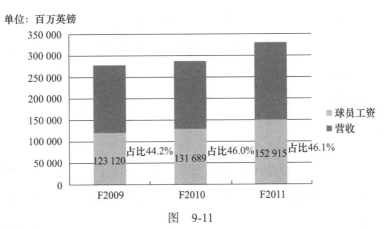

图　9-11

资料来源：xueqiu.com。

单位：百万英镑

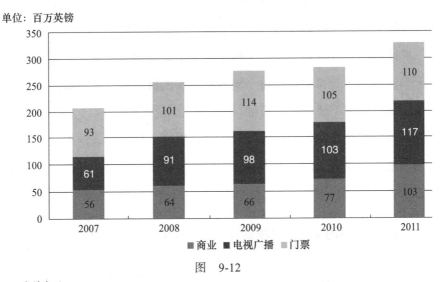

图　9-12

资料来源：xueqiu.com。

最后，球队获得更多球迷，吸引更多赞助商，取得更大收益。良好的经营业绩让俱乐部能够支付更高的转会费和工资，进入良性循环。

NBA：最伟大的篮球联盟

NBA 可谓是人类历史上最伟大的篮球联盟。它通过整合美国球队、全球顶级球员、媒体、球迷、赞助商、电子游戏公司等利益相关者，为各个利益相关者搭建一个全世界最具影响力的篮球运动传播平台，通过体育运动商业化推动篮球的全球化进程。

作为整个美国多个篮球俱乐部的统一联盟平台，NBA 为均衡各个球队设计了很多机制。

- 球队准入制度为新球队进入设立了非常高的门槛，极大地限制了市场竞争，保证了联盟在职业篮球市场的垄断地位，保证了极高的垄断利润。
- 工资帽制度将球员工资占球队收入的比例限制在一个相对较低的水平，降低了球队成本，保证了球队的盈利能力。
- 联盟的收入在各球队间大体平均分配，使每个球队在联盟的经营中都能获得有保障的收益，同时有足够的财力建立起具备一定实力的球队，来保证联赛的质量。
- 球员的选秀制度为实力较弱的球队提供了增强实力的机会，从而拉近各支球队之间的实力差距，保证了联赛竞争的激烈性，从而吸引更多观众。

与此同时，NBA 还通过提供各种收入保障，留住球队。

- 联盟对外通过集体谈判，将联盟作为一个拥有垄断能力的整体来与电视台、经销商等进行谈判，保证了联盟的议价能力，从而使利润得到切实保障。
- 凭借自己对美国经济的巨大贡献以及职业运动的特殊性，通过对美国政府和国会的不断游说，为自己的垄断争取到了合法地位，为联盟的长远发展铺平了道路。

- 通过高效的营销手段将联盟品牌和优秀球员进行推广，为优秀球员带来了丰厚的场外收益，这在一定程度上降低了球员对工资的诉求，减少了联盟工资谈判的障碍。

针对球员，NBA 联盟也煞费苦心，通过全球化运作的模式，吸引全球最顶尖的球员来联盟打球。

- **吸引眼球，提高比赛娱乐性和可观赏性**。早年的篮球没有进攻时间限制，往往一场比赛下来每个队最多能得 30 多分，没有任何的观赏性。NBA 对此进行了赛制的改良以提高比赛的可观赏性。同时，通过举办全明星周末、季前赛、麦当劳公开赛等吸引观众的眼球。

- **造星运动**。体育赛事的发展最具影响力的就是球星，通过造就一个个伟大的球星不断吸引全世界的目光从而推动赛事的发展扩大。乔丹就是最好的例子。正是伟大的"篮球之神"乔丹把 NBA 推向了国际舞台，乔丹签约的 NIKE 也走向了全世界，同时 NIKE 的成功为 NBA 吸引了无数的赞助商。

- **球星国际化**。20 世纪 90 年代的 NBA 逐渐放宽选秀制度，为全世界优秀的球员进入 NBA 建立了平台。中国的姚明、易建联，德国的诺维斯基，法国的帕克……随着一个个伟大的外国球员的进入，代表着一块块巨大的国际市场被 NBA 占据、瓜分，NBA 的转播走向了全世界，NBA 的赞助商遍布世界各个角落，NBA 的一举一动都在影响着全世界，甚至国际篮协制定的篮球规则也在仿照 NBA 的规则，就像一个企业在行业内拥有了制定行业规则一样，NBA 成为篮球的圣地，成了篮球的代名词（见图 9-13）。

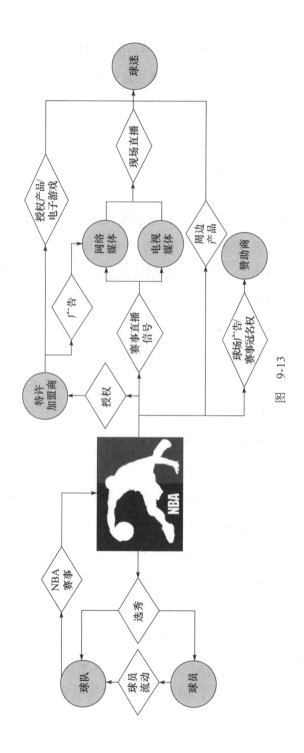

图 9-13

盈利模式对比

　　曼联的收入来自官方网站的电子商务、MUTV/移动客户端、电视转播授权、周边产品授权经销、门票收入/球员转会/足球学校、比赛奖金收入等（见图 9-14）。

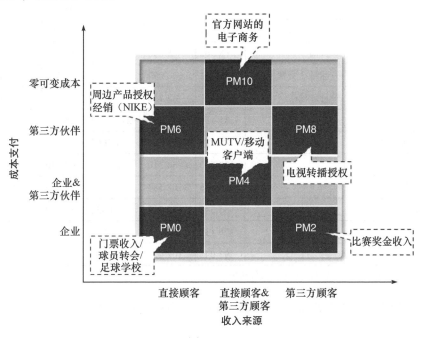

图　9-14

　　曼联的现金流和利润情况如表 9-7、表 9-8 所示。

表　9-7

（单位：千英镑）

	2009 财年	2010 财年	2011 财年	2012 财年前 9 个月
运营现金流	70 910	53 109	−40 773	−32 225
投资现金流	40 178	−35 119	−18 569	−64 031
融资现金流	−10 303	−4 687	46 606	−28 463
净现金流变化	100 785	13 303	−12 736	−124 719
现金及等价物（年初）	49 745	150 530	163 833	150 645
现金及等价物（年末）	150 530	163 833	150 645	25 576

资料来源：xueqiu.com。

表　9-8 （单位：千英镑）

项目		2009 财年	2010 财年	2011 财年	2011 财年前 9 个月	2012 财年前 9 个月
营收		278 476	286 416	331 441	231 640	245 828
运营费用						
	—球员工资	-123 120	-131 689	-152 915	-102 275	-112 386
	—其他运营	-62 311	-52 306	-68 837	-48 664	-48 814
	—折旧	-8 962	-8 634	-6 989	-5 252	-5 671
	—球员注册费摊销	-37 641	-40 087	-39 245	-29 349	-29 767
	—特殊项目	-3 097	-2 775	-4 667	—	-6 363
总计		-235 131	-235 491	-272 653	-18 540	-203 001
处置球员收入		80 185	13 385	4 466	3 370	7 896
运营利润		123 530	64 310	63 254	49 470	50 723
净融资成本		-117 426	-108 583	-51 250	-37 639	-35 048
归属股东净利润		5 343	-47 757	12 649	13 150	37 984
EBITDA		170 133	113 031	109 488	84 071	86 161
调整 EBITDA		93 045	102 421	109 689	80 701	84 628

注：调整项包括处置球员收入及特殊项。

参照美股体育活动及媒体公司估值，曼联的市值为 8 亿～ 12 亿英镑（相当于 13 亿～ 18 亿美元）。

与曼联相比，NBA 联盟在盈利模式的多样化方面也不遑多让，包括 NBA 官网、冠名权、加盟费、转会费、奢侈税、授权周边产品销售、主题游戏、赛事门票、停车费、赛事转播权、球场广告等，几乎填满了整个盈利模式表格中的所有盈利模式类型（见图 9-15）。

其成本则主要来自：工资成本（最主要的成本），修建、租用场馆的投入，联赛管理费，球队出场费（奖励），临场裁判、赛区工作人员报销差旅费和补助等。

NBA 的收益颇丰，如表 9-9 所示。

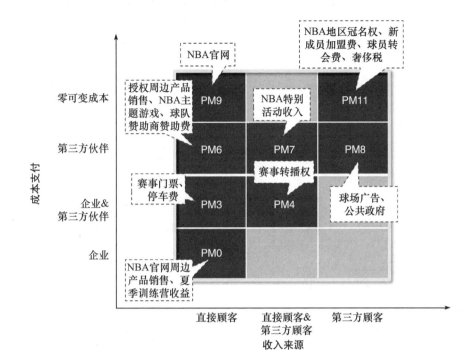

图 9-15

表 9-9

NBA 统计项	数据	赛季
NBA 联盟收入	32 亿美元	2008/2009 赛季
总体经营收入	3.18 亿美元	2007/2008 赛季
转播合同总价值	74 亿美元	2008/2009 ~ 2015/2016 赛季
球队数量	30 支	2008/2009 赛季
每场平均上座人数	17 497 人	2008/2009 赛季
球队平均价值	3.79 亿美元	2007/2008 赛季

NBA 是美国四大赛事之一。全世界有 150 多家电视台在 200 多个国家以 40 多种语言转播 NBA 的比赛,收看转播的家庭超过 6 亿户,科比、詹姆斯、艾弗森、姚明等明星也随之家喻户晓。NBA 拥有的全球合作伙伴包括:安海斯 – 布希、阿迪达斯、耐克、锐步、可口可乐、乐高玩具、佳得乐等。